送給新手父母的幼教禮物，為3～6歲孩子上

你家的小孩是不是永遠在問為什麼？

一本書巧妙回答孩子的255個問題

李麗 著

愛的給予需要智慧

那些看似幼稚、好笑的問題，
卻是他們認識世界和表達情感的開始，
同時也是他們與父母溝通的重要橋梁——

**為了保護那顆柔嫩的心不受傷害，
年輕的父母們必須掌握這些小智慧！**

目錄

目錄

目錄

目錄

目錄

序言

每一個小生命的誕生，都會為年輕的父母帶來全身心的喜悅。從孩子牙牙學語開始，父母便開始與孩子親密的進行各種方式的溝通。而語言是人與人之間溝通最重要的工具，因此，父母與孩子之間所進行的語言溝通便顯得尤為重要。

偉大的發明家愛迪生是一個對於大家都認為「本來就應該如此」的事情產生懷疑的人。他從小就愛提出一些讓成年人答不出來的問題。

有一天，老師在黑板上寫：2+2 ＝ 4。這時候，愛迪生問道：「老師，為什麼會是 4 呢？」

老師說：「2 再加 2，應該就是 4 呀！」

愛迪生無法接受這個答案，老師卻認為愛迪生的頭腦有問題。因為班上有愛迪生這樣的學生，課程總是無法繼續下去。於是，老師把愛迪生的母親請到學校來，對她說：「妳的孩子智力發展太遲緩，無法繼續讀書。」

不過，愛迪生的母親認為愛迪生是個獨特又優秀的孩子。小愛迪生從小學退學之後，便由他的母親就親自教育。愛迪生在科學界非常活躍，擁有多項發明，這是眾所皆知的。不可否認，這與他的母親在其發問期的良好培育有著很大的關係。

父母是孩子人生成長中的第一個老師，對孩子的啟蒙教育不可忽視。

可能有一天，你會忽然意識到：天啊！這個小傢伙懂的事情越來越多，而提的問題也是千奇百怪，比如：

- 蛀牙的蛀蟲到底住在哪裡？
- 你每天上班都能得到錢嗎？
- 如果我越來越小還會回到媽媽肚子裡嗎？
- 世界上的第一個人是從他自己的肚子裡生出來的嗎？
- ……

序言

對於牙牙學語的孩子而言，那些看似幼稚、好笑的問題卻恰恰是他們認識這個世界、表達情感的開始，也是他們與父母溝通的重要橋梁。對此，父母必須給予足夠的重視。

掌握得當，會使孩子們談話興趣高昂，並始終保持著強烈的好奇心，也能夠進一步拉近父母與孩子的情感距離。

而事實上，許多父母並未充分的意識到這一點。他們要不是僅僅把與孩子對話看成是一件好玩的事而敷衍了事，不然就是因為孩子問到了所謂「有傷大雅」的問題而對其斷然喝止，而那些被孩子們五花八門的問題搞得焦頭爛額的家長自然更不在少數。

本書的編寫參閱了大量兒童專家的相關心理著作，也得到了兒童問題專家的親切指導，我真心希望能夠拋磚引玉，使得所有年輕的父母或者即將成為父母的年輕夫妻，透過閱讀這樣一本書，增強親子間的對話效果，增加內容上的多樣性，進而豐富家庭情感關係，為孩子認識世界、發展身心健康打下良好基礎。

我相信，一個健康、和諧、向上的家庭成長環境，對於孩子來說就好比供幼苗長高的一塊沃土，是心靈獲得喜悅的天堂。

終有一天，我們的孩子會離開曾經供他（她）溫暖、養分的安樂窩，展翅高飛，翱翔在屬於自己的更廣闊的天空中，會不再問父母那些簡單又幼稚的問題。因此，為了那一天，好好把握與孩子朝夕共處的每一個今天、每一個時刻、每一個一問一答的對話之中吧！

為你的孩子上好人生的第一課吧！

是為序。

Q1 如果我越來越小，還會回到媽媽肚子裡嗎？

X 錯誤回答

· 你胡亂想什麼呢？你見過小孩子出生之後還能裝回去的事情嗎？

□問題分析

胎兒時期的事情是小孩子十分關心和好奇的，他們很想知道那段時期自己是如何生活和成長的，但平日裡的所見所聞又無法讓孩子了解，所以他們就會常常追問父母，提出各式各樣的問題。對於這些問題，父母需要很耐心的予以解答，不應該斥責孩子的想法是胡思亂想。

家長在回答這類問題時，不用非得一本正經像念書似的，偶爾的幽默可以讓孩子在輕鬆愉快的氣氛中知道身體成長的道理。

如果不好表達，可以採取講故事，或是以小動物作比喻的方法，這樣既方便孩子理解，又能加深親子感情。

O 智慧作答

· 隨著年齡的增長，寶寶的身體也會慢慢長大，10 個月的時候你就已經不能再待在媽媽的肚子裡，何況你現在都這麼高了，媽媽的肚子可裝不下你啦！

Q2 媽媽是大人，也有不知道的事嗎？

X 錯誤回答

· 媽媽又不是百科全書，怎麼可能知道所有的事情呢呢？

□問題分析

根據心理學家的描述，孩子 10 歲之前屬於對父母的絕對崇拜期。在孩子的心中，父母是無所不能的，所以一旦父母的回答沒有使孩子感到滿意，孩子就會對父母產生懷疑，內心也會比較失落。對於孩子的提問，父母要給予充分的重視，務必要弄清楚孩子的真正意思，如果不能夠馬上回答，可以和孩子一同學習、探討，但一定要坦白告訴孩子。

O 智慧作答

· 寶貝，即使再聰明的人也有不能解決的問題，其他大人和媽媽也一樣。所以，不但是你們孩子，還包括爸爸媽媽以及其他的人都應該不斷學習新的知識，不斷的充實自己，這樣才不會落伍啊！
· 有些問題媽媽也不知道，我們一起去買本書看看，好不好？

男孩子可以站著尿尿，為什麼女孩子就不可以？

X 錯誤回答

· 因為男孩和女孩性器官不同的緣故。
· 這有什麼奇怪的，你看過哪個女孩子站著尿尿啊？

□問題分析

通常孩子在兩三歲的時候就會對「性」產生好奇心，他們想了解為什麼男孩子長著「小雞雞」，為什麼媽媽有奶而爸爸沒有等許多有關「性」差異的問

題。如果大人對他們採取隱瞞或迴避的態度，孩子心中會產生「性是不可以知道的」觀念，並對「性」產生不正當的好奇心。

如果你家的孩子是女孩，可以讓女孩親自嘗試著做一次站著尿尿，當女孩子看到尿溼的褲子或地板時，自己就會感到這樣做的確很不方便時，自然就會明白。

O 智慧作答

· 妳能觀察到男孩和女孩的差別，這說明妳很細心。男孩有「小雞雞」，可以把尿撒得很遠，這樣褲子就不會溼，而女孩沒有「小雞雞」，尿直接從尿道裡流出來，所以就要蹲下，要不然會把妳漂亮的小褲子弄溼的。

Q4 世界上的第一個人是從他自己的肚子裡生出來的嗎？

X 錯誤回答

· 這個我不清楚，等你以後上學了去問你的老師吧！
· 胡思亂想的小朋友不是好孩子，以後別老是問這樣的問題了！

□問題分析

孩子問這個問題的時候，說明孩子應該從母親那裡得知人是從肚子裡生出來的。但是，讓孩子困惑的是，世界上的第一個人應該沒有母親，那麼這個人會不會是從他自己的肚子裡生出來的？

當孩子有這種奇特想法時，千萬不要笑她，而要和她一起想：「恩，到底是怎麼樣來的呢？」

O 智慧作答

· 地球上的第一個人，到底是怎樣出生的呢？……其實，這的確是非常難以回答。科學家們正努力的工作，希望有朝一日能夠回答這個問題。不過，我可以給你講一個上帝造人的故事，也許你會明白一點的。

Q5

為什麼只有媽媽可以生孩子？

X 錯誤回答

· 當然只有女人才能生孩子啦，小笨蛋！
· 你看過哪個爸爸生過孩子嗎？

□問題分析

這是成長中的男孩女孩會問到的問題，雖然問題似乎很容易回答，但實際上我們很難找到準確的答案。而對於成長中的孩子來講，任何一個不適當的回答都可能會對孩子的心理造成隱性的傷害。
另外，對於年齡小的孩子，可以多用一些類似童話、動物的故事來向孩子講述這些答案。如果是女孩提出這一問題，父母可以直接跟孩子說她具有這種功能，能夠在日後生育自己的小寶寶。但是，必須強調是「日後」，是身體和心理都發育成熟之後才能做。

O 智慧作答

· 對男孩子的回答：你說的沒錯，的確是媽媽才能生小寶寶，但是如果沒有爸爸的幫助，媽媽也是不能生小寶寶的。在媽媽生小寶寶的過程中，爸爸也扮演著一個非常重要不可缺少的角色。
那些可愛的兔寶寶都是兔爸爸和兔媽媽共同努力才生下來的，所以啊，生育孩子是男人爸爸和媽媽共同的事情，男孩也是必要的！

‧對女孩子的回答：長大後妳也可以像媽媽一樣生孩子，當妳長大成人，和爸爸一樣的人結婚之後，才可以生孩子。

Q6

為什麼我沒有弟弟、妹妹呢？

X 錯誤回答

‧媽媽已經老了，不可能再生下小嬰兒了。
‧爸爸媽媽不想再要第二個孩子了。

□問題分析

現在的獨生子女，經常會問這樣的問題。獨生子女會特別渴望弟弟、妹妹的出生，而會提出這樣的問題來。如果父母的回答過於消極，是極不可取的，對孩子的心靈肯定有一定程度的影響。正確的回答應是肯定孩子的願望，讓孩子內心不要悲觀。

O 智慧作答

‧是啊，你說的真好，如果我們能夠再生一個小孩，那該有多好呀！
‧等你上了幼稚園，就會認識許多的小弟弟、小妹妹，那會是一件非常非常快樂的事。

Q7

人為什麼要分成男孩子和女孩子？

X 錯誤回答

· 老天就是這麼安排的，這個誰都改不了。
· 有男孩子和女孩子，以後才可以再生孩子啊！

□問題分析

面對這樣的問題，父母沒有必要向孩子說明人因為將來要生寶寶而分為男女；甚至也不需要說明男女生殖器的區別。如果還提及這些就太多了。

此外，還要特別體察小女孩的心理，她們問這類問題很可能是因為周圍的環境所造成的。例如：我們常聽人說「身為女孩子……」或是「因為妳是女孩子，所以必須要……」由於周圍的人常有過度的要求，她們才會問這方面的問題。

O 智慧作答

· 這個媽媽也不知道，大概是為了在長大以後，可以區分這是爸爸，那是媽媽，才如此加以區分的。

為什麼結婚以後會生寶寶？

X 錯誤回答

· 媽媽也一樣呀！所以你才會被生出來。現在你已經長得這麼大了。

□問題分析

太小的孩子並不容易接受在家長看來「不是問題的問題」那樣的答覆。因此，不妨以動物來說明，孩子會比較容易了解。比如，可以以孩子喜歡的熊貓、小白兔、巧虎等來向孩子說明。

O 智慧作答

・小白兔的爸爸、媽媽也會生下兔寶寶。

Q9
我是從媽媽身體什麼地方生出來的，肚臍嗎？

X 錯誤回答

・對，就是肚臍。

☐問題分析

這個問題確實刁鑽。聰明的媽媽要學會透過協力廠商關係——醫生的介入，來予以回答，方為上策，才會讓孩子感覺安心。

O 智慧作答

・當醫生阿姨告訴媽媽「妳的可愛寶寶就要生出來了！」之後，你就從媽媽的嬰兒專用通道生出來的。但是呢，這個專用通道只有寶寶快生出來的時候才有，只有醫生阿姨知道這通道，她幫助媽媽從那個通道把寶寶生出來。

Q10
是不是我可以不用成為大人？

X 錯誤回答

・這是不可能的。不論任何人，即使不想，一旦時間到了，就必須成為大人。
・爸爸媽媽又不是要你現在馬上成為大人，所以你在擔心什麼？

□問題分析

這種回答對孩子而言，太過無情。這時候，應該要考慮到孩子的心理，而且在回答時要能夠讓孩子對於未來抱有希望。

O 智慧作答

· 長大以後，必須要做很多事；所以就要從小學起。但是，你距離長大還有很長的時間，所以不用擔心。

Q11 我為什麼是女孩（男孩）？

X 錯誤回答

· 你生下來就是女孩（男孩）啊。

□問題分析

在孩子沒有完全了解男性及女性的全部意義時，父母應該正確的引導孩子，讓孩子在生命之初，就清楚的知道兩性之間的差異，明確的告訴孩子，他們自己是男孩還是女孩。並且父親和母親的行為直接影響著兒童性別認同，因為孩子對於「我是男孩」或「我是女孩」的觀念會在這個時期確定，所以父母一定要給孩子傳達正確的性別資訊，不要誤導孩子。
回答方式要形象、生動，避免艱澀難懂，要讓孩子易於接受和理解。

O 智慧作答

· 在我回答你這個問題前，首先要給你講個故事：在你出生前，媽媽的身體裡有一個很小的卵子，也就是可以孕育成寶寶的細胞。而爸爸的身體裡也有許多能孕育成小孩的細胞叫精子，這些精子有的是男孩子，有的

是女孩子，他們就比賽看誰跑得快。誰最先找到媽媽的卵子，誰就勝利了。因為有一個可能孕育成男孩的精子跑得最快，所以最先找到媽媽的卵子，就和媽媽的卵子抱在一起，然後逐漸的長大，長大後就成了你！這樣你就成了男孩（女孩），看，我的寶寶多棒呀！

Q12

為什麼我是男孩就不能穿裙子？

X 錯誤回答

· 男孩子穿裙子，多丟臉啊！

□問題分析

孩子之所以這樣問，是因為他們很羨慕異性的一些事物，比如玩具類型、衣著式樣、打扮方式等。孩子在幼兒時期出現這樣的問題是很正常的，因為他們的性別意識不是特別清楚，家長有必要告訴孩子他是男孩還是女孩，應該做什麼，不應該做什麼。明確的告訴他們的角色定位：是男？還是女？

當然，父母也可以滿足孩子的好奇心，給兒子穿上裙子，然後帶他到鏡子前面，讓他看看是不是很怪異。告訴他其實真的不如穿他的背帶褲、T 恤衫好看、帥氣。這種試穿、欣賞的過程會讓孩子真正了解，錯誤的衣飾選擇會讓人感到怪異、滑稽。

O 智慧作答

· 寶寶，如果你真的想穿，我可以讓你試試，但是你要知道，你是男孩子。男孩子應該穿得大方得體，這樣才會招人喜歡，才是正確的著裝方式。裙子是女孩特有的服飾，男生是沒有裙裝的，所以你不能穿。你穿上後別人會覺得很怪異，大家可能會笑你的，大家是不會欣賞你穿裙子的！

Q13

爸爸，你的肚子好大哦，是不是要生寶寶了？

X 錯誤回答

- 爸爸乳房太小，因此無法餵奶，所以不會生孩子的。
- 爸爸肚子大是喝酒造成的，和生孩子沒有關係。

□問題分析

關於這個問題，爸爸的以上兩種回答都顯得不太妥當甚至牽強。而且，對於幾歲的孩子而言，想要理解似乎比較困難。因此，只要跟孩子說明男女的角色不同即可。

O 智慧作答

- 因為爸爸要上班，會比較忙，所以生孩子是媽媽的工作。不論在哪一個家裡，都是由媽媽來生寶寶。爸爸的肚子是因為吃了太多的飯而發胖的緣故。

Q14

我要生 3 個寶寶，就要結婚 3 次嗎？

X 錯誤回答

- 你還這麼小……
- 你在胡說什麼？

□問題分析

面對這樣的問題，家長要充滿耐心和愛心，上面那樣的回答態度會令孩子覺得很沮喪，或莫名其妙，所以一定要避免這樣的態度。

O 智慧作答

· 妳要生 3 個寶寶的想法真好，不過，妳只要結一次婚就可以了。所以，現在妳就不可以挑食，什麼東西都要吃。這麼一來，身體才會強健，妳才會有較多的孩子。還有，妳的乳房才會變大。像媽媽這樣才可以餵奶。

Q15

媽媽，為什麼妳有乳房？

X 錯誤回答

· 因為媽媽是女人啊。

· 這還用問，沒有乳房我怎麼給你餵奶啊？

□問題分析

這樣的問題，一般是在男孩子在 4 歲的時候會提出的。他（開始學會觀察周邊每個人的身體特徵，並產生疑問。妥當的回答方式會讓孩子身心得以健康、平穩的發展。

O 智慧作答

· 你看，因為你有牙齒，所以可以自己咬東西吃。可是，剛出生的小寶寶還沒有牙齒，所以無法咬東西。媽媽的乳房裡有奶，寶寶喝了裡面的奶，才能夠長大。

Q16

為什麼媽媽沒有鬍子？我可以像爸爸一樣刮鬍子嗎？

X 錯誤回答

· 男人的身體裡有讓身體強健的藥物，所以會長鬍子。反之，媽媽就會有大的乳房，因為體內有藥物，會讓乳房長得更圓潤。

□問題分析

這個問題，也同樣是男孩在 4 歲左右的時期最容易提出的。上面回答中提到的藥物，事實上，就是指荷爾蒙。不過，對於 4 歲的男孩而言，要理解稍嫌困難。其實在這時候也不需要這麼回答。在這時候，孩子並非在詢問長鬍子的理由，而是在於希望像爸爸一樣，想要嘗試刮鬍子的感覺。一般而言，4 歲正值模仿期，會經常想要模仿大人。因此，孩子所發問的問題，其實是一種願望。所以告訴孩子，長大成人以後，就會長鬍子。這樣的回答似乎並不充分。

O 智慧作答

· 你是小男子漢，將來你一定會長出鬍子，如此一來，就能夠像爸爸一樣使用刮鬍刀了。

Q17

人為什麼只有一個嘴巴呢？

X 錯誤回答

· 如果有兩張嘴，那不就成了妖怪了！

□問題分析

如果孩子是在吃飯的時候提出這樣的問題，身為家長要理解，對於一個幾歲的孩子而言，有這樣的想法是很自然的事情，所以不要大驚小怪，最重要的是，在關鍵時刻，父母要有讚許孩子的態度，這樣可以提高孩子的創造性思維。

O 智慧作答

· 是呀，如果有兩張嘴，就能夠很快的吃完了。而且，如果一個人可以擁有三頭六臂，我們玩遊戲、打掃、讀書看報等等就更方便了。等你長大了，看看能不能讓每個人都有三頭六臂。

Q18

為什麼我不能跟媽媽姓呢？

X 錯誤回答

· 自古以來都是這個樣子的。

· 這是很正常的啊，媽媽也跟你外公姓啊！

□問題分析

當孩子問道這個問題的時候，說明孩子已經對姓名有了一定的認識，比如他(她) 已經注意到很多小朋友都是跟爸爸姓，也就是說，此時孩子可能已經意識到這是一種普遍現象，但卻不太明白其中的道理。

做父母的在這個時候不應該幾句話敷衍了事，應該耐心的向孩子說明，姓氏的流傳是一種文化傳統，是一種約定俗成的習慣。但同時要注意不能禁錮孩子的

思想，否則容易讓孩子覺得這些是強迫的，而不願意接受，要讓孩子感覺到來自父母的那份尊重。

O 智慧作答

· 你要是願意，也可以跟媽媽的姓啊！但跟爸爸的姓屬於臺灣的一個老傳統，所以通常大家都是這樣做的。

Q19

我也想和爸爸結婚，可以嗎？

X 錯誤回答

· 別胡說八道，真不像話。

□問題分析

當孩子有想和自己的父親結婚的念頭時，不要予以否定，而必須要對孩子的願望有某種程度的認同，孩子非常喜歡父親，即表示親子關係良好。同時，借此也可以建立更好的家庭關係。

O 智慧作答

· 你長大以後，也能夠和自己喜歡的人結婚。
· 是呀！如果能夠和像爸爸一樣溫柔的人結婚，那該有多好！

Q20

爸爸和媽媽吵過架嗎？

X 錯誤回答

・沒有，吵架不是好事情。

□問題分析

對於父母親而言，這是非常棘手的問題，幾乎想要逃避它。如果父母的回答方式過於傾向於道德性和說教性，孩子是不會輕易接受的。

在每個家庭裡，夫妻口頭上爭執個幾句被孩子聽見、看到是不可避免的，如果過於說教性的回答，孩子就會覺得母親在說謊，很可能會使孩子對父母親不再具有好感，甚至對父母親敬而遠之。

O 智慧作答

・是呀！爸爸、媽媽有時候也會吵嘴。不過，馬上又和好了。

Q21 這個阿姨為什麼會那麼胖？

X 錯誤回答

・小聲點，別讓阿姨聽見。

・等一下再告訴你，不許再問了。

□問題分析

小孩子童言無忌，看到任何事物就會馬上說出來。在公共場合看到醉酒的人時，會馬上問道：「為什麼那個人這樣大聲嚷嚷呢？」還有，「為什麼那個人那麼矮？」、「為什麼那個人那麼黑？」這些問話都會使雙親提心吊膽。

如果對方離得很遠，加以回答，也不會被對方聽見。那麼，便可以馬上回答孩子的問題。但是，如果對方就在眼前，就必須設法透過簡單、有效的回答

來轉移孩子的注意力。當然，在不會傷害對方的人格的情形下，最好是馬上回答。這麼一來，孩子會比較容易接受。

O 智慧作答

· 阿姨吃東西不挑食，所以身體好。她不會感冒，所以你也要什麼東西都要吃才健康。

如果電視壞了，裡面的水會不會淹到我們家裡？

X 錯誤回答

· 去問電工叔叔吧，這個我也不太懂。
· 那些人在游泳池游泳時，由攝影機攝影之後，再傳送到我們的電視裡。

□問題分析

電視幾乎是每家必備的電器，孩子關於電視的問題層出不窮。甚至有的孩子在電視播放節目時，還會跑到電視的後面去看一看，也會伸出手來撥弄電視後面的機器或電線，好奇心極強。
若想讓幾歲的孩子明白肉眼看不到的電波常識，實在非常困難。如果家裡有科學畫冊，可以一邊讓他看畫冊一邊說明。

O 智慧作答

· 你真了不起，能注意到這一點。到底為什麼會這樣呢？真是讓人覺得不可思議，等有機會，我帶你去電視臺去尋找答案，好嗎？

Q23 媽媽，月亮好漂亮，妳幫我拿下來好嗎？

X 錯誤回答

· 月亮太遠了，媽媽拿不到！

· 月亮是要給大家看的，不可以拿下來。

□問題分析

當孩子仰望星空，看到半空中明亮而美麗，綻放著銀色光輝的月亮時，的確會覺得想要把它摘下來。因此，在這個時候，父母要顧及孩子的感性來回答。

上面的回答說明了事實，卻無法滿足孩子在情感上的要求。尤其是第二個回答方式——「月亮是要給大家看的，不可以拿下來。」——這種否定性的回答，很可能會使孩子不再喜愛月亮。這種回答方式不容易培養孩子喜愛美好事物的情操。

O 智慧作答

· 是呀！如果能夠把月亮拿下來，那真是太好了。在黑夜中的月亮看起來真是漂亮，甚至不需要電燈呢！

· 月亮在天空中，那麼幼稚園的小美和亮亮也能夠看到。花園中的花朵也會因為看到月亮而感到高興。還是把月亮留在天上吧，大家都會覺得高興。

Q24

我忘記帶彩色筆了，怎麼辦？

X 錯誤回答

· 寶貝，沒事的，你先到學校，一會兒媽媽幫你送去。

□問題分析

著名教育家陶行知先生曾說過：「教育就是習慣的培養。」良好的行為習慣有助於形成積極的思維方式和健康的人格，幼稚園階段是孩子習慣培養的關鍵期，家長要注意培養孩子的良好的行為習慣，要在壞行為沒有轉化成習慣之前，及時幫孩子匡正一些不好的行為。

這時候家長其實不用事事為孩子想的太周全，應該給孩子一些犯錯誤的「經歷」，讓他們認識到錯誤之後，才會有改正錯誤的行動。就比如孩子忘了帶彩色筆，家長可以找個理由不給他送，讓他經歷一下沒有彩色筆的「嚴重」後果，甚至老師會批評他，這樣他有了幾次親身經歷後，就會不自覺的想辦法改變自己的不好習慣。

O 智慧作答

· 哎呀，寶貝，媽媽一會兒有事情，沒時間幫你送了，上課要緊，你先到學校吧！

Q25

冬天來了，為什麼水中的魚不怕冷呢？

X 錯誤回答

· 魚沒有皮膚，所以感覺不到冷。

· 牠又不是人，就是冷了也不知道怎麼說啊！

□問題分析

幼兒的心理特徵就是以自我為中心來看待周圍的事物。自己覺得冷的時候，看到池中的魚，自然就會認為魚也冷;這是幼兒的心理特徵。即使不是生物，也會認為它們和自己一樣，都要早上早起、洗臉、吃飯，晚上上床睡覺。因此，父母的回答方式要特別注意。

O 智慧作答

· 池裡的水應該是很冷的吧！不過，水是魚的家，因為牠經常運動，所以不會覺得冷。如果你覺得冷，我們來賽跑好嗎？

Q26 蛀牙的蛀蟲到底住在哪裡？

X 錯誤回答

· 不要老看廣告了，那都是胡說八道騙人的。

· 牙齒有洞的地方就有蛀蟲。

□問題分析

這是小孩特有的擬人化思維所引發的問題。孩子所問的問題常常會有令人意想不到的內容。但是，對孩子而言，他們都非常認真的思考疑問，因此父母親絕對不可以一笑置之；而必須要考慮到孩子所發問的背景，以溫柔的態度來回答。這樣才不會抹殺了增加小孩智慧的好奇心。

O 智慧作答

- 蛀牙的蛀蟲沒有固定的住處。吃甜的東西或口內有食物殘渣的時候，牠就會出現。但是牠長得太小了，根本看不到。因此，睡前必須要刷牙，讓蛀蟲沒有地方住，這樣就不會有蛀牙了。
- 如果不想有蛀牙，飯後、睡前都要漱口、刷牙，做好牙齒的大掃除。

Q27 為什麼黑板是黑色的呢？

X 錯誤回答

- 它叫黑板不是黑的難道是白的嗎？

□問題分析

沒錯，這個問題在我們成人看來似乎不須回答，黑板就是黑的，這是順理成章的事，但是孩子注意到黑板是黑色的這一個細節問題了，並且把這個問題擺到我們面前，身為父母該怎麼回答好呢？

事實上，我們不妨按照孩子的思路示範給孩子，一起用白粉筆在白紙上畫畫或寫字，然後讓孩子看，孩子透過親手實踐得出的答案是最讓他信服的。

O 智慧作答

- 那我們就用白色的粉筆在白紙上畫個畫，看看會出現什麼效果吧！

Q28 我不喜歡吃蔬菜，可以只吃肉嗎？

X 錯誤回答

· 那怎麼行啊！光吃肉會長得太胖的。
· 蔬菜也很好吃的，你為什麼不吃呢？

□問題分析

孩子喜歡吃肉而不喜歡吃蔬菜，這是家長最頭痛的問題。對於有些偏食的寶寶，父母永遠不要想要強迫孩子吃什麼東西，因為實踐證明，這種方法是最沒有效果的！而這種回答也沒有起到任何幫助。一定要讓孩子意識到光吃肉對於他的各種不利因素，才會讓他（她）改變這種想法。

O 智慧作答

· 蔬菜裡面有肉沒有的營養，如果不吃蔬菜，會影響寶寶的身體健康，如果生病，還要打針吃藥喔！
· 如果不吃蔬菜就會生病，不能去幼稚園，就不能和小朋友玩了。

Q29 我長大了會不會比現在漂亮呢？

X 錯誤回答

· 小東西，你還自我感覺良好呢？
· 誰知道你長大了什麼樣子啊？

□問題分析

當你被問到這個問題的時候，表明你的孩子與別人比較時發現了自己的不足，而感到有些自卑；或者是孩子看到別人的優點，而感到有些羨慕。此時

孩子潛意識裡需要從父母那裡尋求安慰，而父母此刻就要告訴孩子這樣一個道理：事情是變化發展的，每個人都有成長的機會，都可能變得更漂亮。

家長千萬不要打擊孩子的這些良好的願望，應盡量鼓勵他，讓他在成長面前充滿信心。

O 智慧作答

· 長大以後，大家都會改變，媽媽也是一樣。如果你能做到好好吃飯，養成好的習慣，你就會越來越漂亮。

為什麼到了晚上太陽公公要下山，月亮姐姐要出來呢？

X 錯誤回答

· 這是地球運轉的規律，這是科學常識，等你長大了就知道了。

□問題分析

家長從科學的角度予以回答，雖然在道理上是對的，但對於小孩子來說，太難以理解了，還是不知道到底是為什麼，肯定還會繼續追問。因此，遇到這類問題的時候，家長要根據實際情況和幼兒的年齡特徵，採用擬人化的方法給予間接回答。

家長可以適當加入一些科學道理，但前提還是要以孩子感興趣、能夠理解的方式為主。

O 智慧作答

· 到了晚上，大家都要回家睡覺了。寶寶和媽媽也是。太陽公公工作了一天，也要回家睡覺、休息了。月亮姐姐接替太陽公公的職位，來替他工

作來了，等到第二天，他們又開始交替工作了，你不是經常在早晨醒來的時候，看到太陽公公早早的就在天空上看著你嗎？

Q31

為什麼下過雨天上會出現美麗的彩虹？

X 錯誤回答

· 這是自然規律，現在和你說你也不懂。

□問題分析

提這個問題的多是 2 ～ 3 歲的孩子，這個年齡段是孩子學習、認知能力最強的時期，這個時期的孩子會將大部分精力放在觀察和發現上，一些平時不常見的新鮮事物最能引起他們的注意。因此可以說孩子是在提問中成長的。

雖然這是個科學常識性問題，但畢竟孩子的認知能力有限，如果父母作出一些「科學型」的回答，孩子是很難理解的。恰當的運用一些比喻、擬人，將問題回答的可愛一些，孩子會更容易接受。

O 智慧作答

· 彩虹是雨後天氣轉晴的標誌。下過雨空氣被洗刷乾淨，所以我們看到的彩虹也就格外美麗。

媽媽，妳會死嗎？

X 錯誤回答

· 會的。
· 這還用問，人人都會死的。

□問題分析

對於 7 歲前的孩子來說，因為他（她）對時間的概念還不成形，如果家長直接答說「會」，將使孩子誤以為近期就會發生。所以在回答該問題時務必小心，不要讓孩子感覺到恐懼。

O 智慧作答

· 媽媽也會死的，不過不要擔心，媽媽要很老很老很老才會死。

他們為什麼要接吻？

X 錯誤回答

· 哪有的事，一定是你看錯了。
· 小孩子別亂問，等你長大就自然明白了。

□問題分析

面對孩子的提問，刻意迴避問題，這樣的解釋不僅沒有理性的告訴孩子他想了解的內容，反而不尊重孩子，不尊重人類美好的感情。

正確的作答可以讓孩子明白親密行為是源自愛的，隨著愛而來的是責任，做任何事都要以尊重別人為原則，絕不可強迫別人做不喜歡的事。同時，父母的解釋也要從尊重孩子、尊重電視情節的角度出發。

O 智慧作答

· 那是劇情需要，是導演想讓觀眾知道電視裡的兩個人彼此相愛的。其實，

接吻是兩個人互相喜歡對方，表達愛意和親密關係的一種方法。就如現實生活中的夫婦或戀人，他們經過長時間認識和了解，在雙方同意下，便會用接吻來表達愛意。有時候，爸媽也會用這種方法來表示深愛。但是，我們不能在別人不願意的情況下，隨便跟其他人或普通朋友接吻。

Q34

和妳一起工作的都是妳的好朋友嗎？

X 錯誤回答

· 都是，不是朋友的我怎麼能和他們在一起呢？

· 不是，他們沒有一個人是我的朋友。

□問題分析

這是一個為孩子提供有關人際交往的思考的問題，孩子會明白人和人之間有差異，我們不必喜歡所有人，但是，儘管如此，我們應該嘗試著公平對待每一個人。

O 智慧作答

· 有些人我非常喜歡，所以，在不上班的時候，我們也會經常聚會，一起去吃飯。當然，也有些人讓我覺得不是那麼可愛，有的時候我們還會有爭吵。就像你和朋友玩扮家家酒或其他遊戲時一樣，總會有意見不一致的時候，不是嗎？

Q35

為什麼他的眼睛看不見呢？

X 錯誤回答

· 如果你不聽母親的話，就會變成那個樣子。

· 是啊，因為他是個瞎子，所以就什麼也不能看見，真可憐啊！

□問題分析

在公共場合，面對身體有殘疾的人時，千萬要注意不可以流露出絲毫輕蔑的態度。有些父母會借此趁機「教育」孩子，這麼做十分不妥，因為這不僅無情的傷害了那位殘疾人士，也極大的影響了孩子的心理健康成長。

另外，很多自尊心極強的人並不需要憐憫或同情。因此，在回答或說明的時候，要著重在那個人好的、優秀的地方。

O 智慧作答

· 我也不知道為什麼，但是你看他，雖然眼睛看不見，卻熱愛生活，你看他笑得多燦爛啊；他很喜歡音樂，所以他的琴彈得非常好……

Q36

為什麼爸爸要到公司去上班呢？

X 錯誤回答

· 爸爸去公司上班賺錢，才能夠買東西和衣服給你。

□問題分析

母親是家庭主婦時，大都會採用這種回答方式。因為這些母親下意識的認為，爸爸就是每個月拿薪水回來的人。這種回答方式僅僅著重於工作是為了經濟上的理由，因此非常不充分。其實爸爸去上班不僅是為了領薪水，因為工作還具有生存的意義。

另外，還要說明工作具有社會意義和價值。像父親上班是為了領薪水，才可以買東西和衣服，這種家庭的經濟理由最好放在最後說。

O 智慧作答

· 爸爸非常喜歡自己的工作，他喜歡到公司去上班。

Q37

為什麼你每天都要去公司？

X 錯誤回答

· 我不去辦公室，我們家吃什麼、喝什麼呢？
· 這還用問，等你長大了，當然也要去公司工作啊。

□問題分析

當你的孩子問到，為什麼他（她）最好的朋友的爸爸或媽媽卻不用去上班的時候，你可以解釋給他聽，一些爸爸或媽媽更喜歡待在家裡。但是他們在家裡也是要工作的，比如買東西、洗衣服、打掃房間。這樣的解釋非常有用，使孩子認識到工作是很正常的，每個人都有自己的工作。

O 智慧作答

· 因為這樣我可以得到薪水。爸爸（媽媽）和我賺的錢要供我們付房租、食物、每天所買的東西。另外，我還喜歡和其他人在一起，做一些有意

義的事情。就像你要在幼稚園畫很多漂亮的圖畫，並且把最漂亮的送給我一樣。在工作中，我也能幫助很多人，使他們滿意。

Q38

你每天上班都能得到錢嗎？

X 錯誤回答

· 要是每天都能有錢，爸爸不是早就發財了嗎？

· 怎麼可能呢，你以為爸爸是老闆啊？

□問題分析

孩子五六歲的時候，開始對金錢發生興趣。針對這個問題，如果孩子沒有接著再提問，這些資訊暫時就足夠了。但是，如果你覺得和孩子解釋起來很費勁，不妨反過來問問孩子，這樣就可以知道孩子究竟想知道什麼？有關錢物的交換是孩子很感興趣，也有必要讓他們明白的話題。

O 智慧作答

· 不是。公司並不會每天給我錢，而是到了每個月的月底，我們公司的電腦就會自動告訴銀行的電腦，爸爸的帳戶上應該有多少錢。之後，爸爸就可以拿著金融卡從自動提款機提款了。

Q39

你為什麼總是那麼晚回來？

X 錯誤回答

· 我非常想早點回來陪你，但是我必須要到下班時間才能離開啊！
· 沒有啊，我每天都是這個時間回來的啊！

□問題分析

回答這個問題的時候，你總會有些如鯁在喉的感覺。因為你發現，所有的解釋在孩子看來只有一種結果，那就是爸爸、媽媽總要離開。你不必完全打消孩子的這種想法，因為無法做到這一點，而且也沒有必要。大量的研究都表明，上班族媽媽的孩子和其他孩子的發育是同步的，他們沒有因此而遭受更多的心理上的干擾。此外，人們還發現，上班媽媽並沒有比全職媽媽和孩子每天待在一起的時間少。

O 智慧作答

· 雖然媽媽只上半天班，但是，和媽媽一起工作的那個阿姨要到下午兩點才來上班，所以媽媽要等到那個時候，否則，別人打電話來，辦公室就沒有人了。然後，媽媽還要騎半個小時的腳踏車才能到你的幼稚園，從媽媽上班的地方到幼稚園，比幼稚園到家裡要遠很多。

你上班時都在做什麼？

X 錯誤回答

· 你還小，跟你說了你也不會懂的。

□問題分析

在孩子的頭腦裡形成一個關於工作的印象對孩子很有益處，雖然他們可能對具體的細節並不太感興趣。也許你應該找個半天帶孩子去上班。不過，如果你是護士或者超市的收銀員就不太現實了。但是，你可以在不值班的時候，帶孩子來簡單的參觀一下，或者帶他到你們的員工餐廳去吃頓午飯也好。

O 智慧作答

· 我的辦公桌上有一臺電腦，我用它查資料、寫郵件、整理文件。此外，我還要打或者接很多電話。有的時候，我還會和來拜訪的客戶見面。

Q41 我為什麼不能一起去上班？

X 錯誤回答

· 你以為是去幼稚園啊，那裡都是大人，誰能照顧你啊？
· 因為你是孩子，還不能和大人一起工作。

□問題分析

耐心的向孩子解釋，在他工作前，先要經過學習階段，首先是幼稚園，然後是學校，之後是職業學校或者大學。如果，在這個問題的背後隱藏著分離的痛苦，那麼你一定要讓孩子相信，只要他有問題，可以隨時找到媽媽的——當然，一定是真有麻煩的時候。

O 智慧作答

· 你可以去參觀媽媽工作的地方。但是，不能和媽媽一起工作，我們辦公室沒有你的工作位置，你工作的地方在幼稚園。你想想，要是媽媽天天陪你待在幼稚園裡會多擠。

Q42

你們在公司也能午睡嗎？

X 錯誤回答

· 當然不能了，又不是在家裡。

☐問題分析

告訴三四歲的孩子職場和家裡完全是兩套規矩是不太容易的。問卷調查表明，即便是上了學的孩子，也不太明白大人上班究竟在做什麼。

O 智慧作答

· 如果能午睡當然好了。但是，我最好還是把工作盡快的做完，這樣就不用加班了，也不用晚回家了。而且，我們的辦公室也沒有像你們幼稚園那麼舒服的床。

Q43

錢有多大年紀了？

X 錯誤回答

· 你在說什麼呢，簡直莫名其妙。

☐問題分析

對於這個問題，一般來說孩子會有好幾種提問方式——過去有錢嗎？古人用什麼錢啊？沒有錢之前買東西怎麼辦？究竟是什麼時候才產生了錢？等等。

回答孩子的這一提問，最要避免的就是在孩子面前「引經據典」。爸爸媽媽可以根據孩子的某種具體的提問方式，做出簡單回答。

O 智慧作答

· 錢的年紀很「老」了，比你看到的任何一位老年人都還老；古人基本上不用錢，他們用自己的物品直接向別人換取自己需要的東西；大約在奴隸社會時期，在人們以物易物的交換中，錢就自然而然的產生了。

Q44 為什麼不多印一些錢？

X 錯誤回答

· 錢印多了，國家就亂了。
· 錢和紙張不同，因此不能多印。

□問題分析

在 4 ～ 7 歲左右的孩子心中，世界的美好、生活的美好完全是一幅「天下大同」的風景畫 —— 多印一些錢，給每個人都多發一些錢，大家要買什麼東西都能盡情的買。美國兒童財經教育專家指出 :「即使你家產豐厚，你也不必讓孩子以為他們可以想要什麼就有什麼，或者到左鄰右舍去吹噓；如果你家錢財緊缺，你也不能讓孩子擔心頭頂沒瓦、碗裡沒食。」

O 智慧作答

以下 3 種作答方式，您可以任意選擇。

1. 只有一臺印鈔機
   這唯一的一臺印鈔機由國家掌握的，什麼時候印錢？印多少錢？一律由

國家決定。任何國家都不允許私人印錢，如果有人私自印錢，那就是一種犯罪行為，而且他印出來的錢是不能購買任何物品的。

2. 沒有那麼多的印鈔紙
   錢幣用紙不是一般的紙，它是一種非常特殊的紙。生產這種紙既需要極其特殊的工藝，也要耗費極大的成本。如果不用紙幣，大家都用硬幣，那麼買一件厚外套所需要的硬幣會有好幾公斤重，買一輛汽車所需要的硬幣，差不多就和汽車一樣重了……你扛得動嗎？

3. 錢印得太多太多
   人人手裡都不缺錢，那就沒有人再需要錢了。想想看，大家都不再需要錢了，還有誰「賣」東西給你呢？

Q45
為什麼要把飯吃乾淨呢？

X 錯誤回答

- 不吃乾淨，下次就不讓你吃飯了
- 你要再剩飯菜，我就讓醫生拿針戳你屁股。

□問題分析

靠恐嚇的那套傳統方式教育孩子吃飯，是不合理的，也是無法讓孩子甘心接受的。動動腦筋，放棄這種具有強迫性和強制性的恐嚇方式，和孩子講道理，孩子是能夠接受的。

O 智慧作答

- 我們吃的米飯是農夫叔叔辛勤播種、種植秧苗，經過除草、施肥、收割而得來的。農民伯伯辛苦工作所收獲的稻米，是不可以浪費的。此外，

世界上有些地方的人沒有米飯吃，甚至因此而死去。由此可知，對人類而言，米是多麼重要的食物。我們要把多餘的米，拿來救濟那些窮苦的人。

Q46

登山太累了，我們為什麼還要登山？

X 錯誤回答

· 登山會累很正常，習慣就好了。
· 山上的空氣比較好啊！

□問題分析

一旦孩子問到這問題時，不要沉默。可以告訴孩子為了健康以及鍛鍊身體的重要性。沒有強健的身體，賽跑時也跑不贏，走路時也沒有力氣。身體強健的孩子才不會生病。因此要登山。

其實，與其向孩子強行灌輸運動的理由，倒不如在他們實際上山、下海時，讓他們體驗到清新的空氣和美麗的景色，以及出汗以後，那種爽快的感覺和滿足感，除了親身體驗以外，是無法了解的。不過，由於是第一次讓他體驗運動的樂趣，剛開始時，不要讓他太疲倦。只要沒有太過痛苦的體驗，那麼，他就會有想要再度嘗試的意願。

O 智慧作答

· 的確很累，所以，只有勇敢的人才能爬上山頂看到美麗的景色啊！
· 山上空氣清新，但是需要我們親自攀登，才能感受得到，累了就休息，別著急。

Q47
為什麼大人可以不必早睡呢？

X 錯誤回答

・大人睡得晚也能早起，小孩子就不能。
・大人身體裡有個生理時鐘，到了早上，自然就會起床。

□問題分析

第一種回答顯然不太高明，孩子自然也不願意接受。
第二種回答雖然某種程度上好像做了不錯的解釋，但是孩子太小，是不會理解的。在這種情形下，只是口頭上給予回答，孩子心裡是無法接受的。這時候，父母親最好還是關掉電視，創造一個孩子容易入睡的好氣氛。在孩子養成早睡的習慣以前，每個家庭成員都要早早就寢。

O 智慧作答

・有充分睡眠的孩子才能夠長大。如果不早點睡，早上就會爬不起來。
・爸爸媽媽是大人了，身體發育健全了，所以比寶寶晚一點點時間，第二天也能和寶寶同時早起。

Q48
我在家裡玩遊戲，爸爸、媽媽為什麼對我發脾氣呢？

X 錯誤回答

・房間這麼小，你還那麼淘氣，當然會生氣了。而且，這些頑皮的動作會使你受傷，這多危險啊！

□問題分析

這種回答方式並不恰當。住在狹窄的房子裡，是父母親的責任，也是經濟能力的問題。即使告訴孩子也沒有益處。

面對這種問題時，不僅僅是口頭上的回答和說明。如果家中比較狹窄，可以帶孩子到公園或體育場去。讓孩子能夠發洩精力，這是很重要的。另一方面，孩子的動作雖然是稍微粗野一些，但是為了避免孩子受傷，家長最好妥善收拾起危險的物品。同時，要下工夫整理屋子。

O 智慧作答

· 那是因為你和別的小朋友玩遊戲時候吵架、淘氣的緣故，也因為怕你受傷，才會發脾氣的。

Q49

為什麼我生病了，媽媽就變溫柔呢？

X 錯誤回答

· 媽媽經常都是非常溫柔的。因為你有時候不聽媽媽的話，老是把事情弄糟，所以媽媽才會比較凶，像現在你非常乖，媽媽自然不會對你凶的啦！

□問題分析

如果孩子因為病弱而變得安靜，這樣就是個好孩子，那麼只要生病的時候，就會變乖。這樣的回答方式會使孩子誤以為身體病弱、變得安靜的孩子就是好孩子。其實，孩子本來就很活潑、好動，有時候會有些粗野的行為，這是孩子的自然天性，必須要予以肯定。

O 智慧作答

· 寶貝生病了，需要媽媽特別照顧，所以你會覺得媽媽很溫柔，其實平常媽媽也很溫柔的，只是寶貝忙著玩遊戲，沒有注意到而已。

Q50 為什麼樹木是綠色的呢？

X 錯誤回答

· 那是因為時光王國的小人們認為，樹林比較適合綠色，所以就把樹林漆成綠色。
· 樹木和小草一樣，都是綠色的，這是再正常不過的事情了。

□問題分析

這種「漆油漆」的說明方式並不太恰當。因為到了秋天，有些樹葉會變色，到那個時候孩子如果注意到這個細節，就會更加困惑。

O 智慧作答

· 樹木在春天時萌芽，會變成綠色。不過，樹木有各種種類，有些樹木會一直保持綠色，有些樹木到了秋天則會變成紅色，比如楓樹就是如此。
· 不同的樹木會有不同的顏色，就像人類的膚色有黃色、白色、黑色。還有，有些人喝過酒以後，臉色會變紅等等。

Q51 為什麼被蚊子叮了以後會癢呢？

X 錯誤回答

· 因為蚊子的毒針裡面有毒。

□問題分析

被蚊子叮咬後，皮膚感覺發癢，這是很正常的一個病理現象。但是我們面對孩子的提問，只是單純的說明蚊子的毒針充滿毒素，孩子未必感覺答案圓滿。而且，三四歲的孩子和五六歲的孩子在問到這個問題的時候，因為理解力的不同，父母在對其回答時，也要考慮到這一要素。

O 智慧作答

· 對年齡較小的孩子的回答：對蚊子來說，人類的血就是他們的飯。如果他們不吸血，就會活不下去，所以蚊子會叮人吸血，在吸血的同時，它的毒素會注入人體中，因此，就會覺得癢。

· 對年齡稍大一點的孩子的作答：這就像我們擦破膝蓋時，血會馬上止住。因為人類的血在人體之外會凝固。可是，被蚊子叮咬時，如果血液凝固，蚊子就會吸不到了。因此，蚊子為了避免在叮咬時，人體血液凝固，就會釋放唾液到人體內。結果，這種唾液會造成人體的過敏瘙癢。

Q52

為什麼花和樹木要澆水呢？

X 錯誤回答

· 不澆水，它們會乾死呀？

□問題分析

在孩子發問時，如果能夠靈巧的廣泛回答，就能夠引發孩子的好奇心。這是回答方式的祕訣之一。針對這個問題來說，你可以趁著這機會，向孩子說明

有些植物需要很多水，有些植物不需要太多水。還可以帶孩子到公園去，一邊看植物，一邊進行說明，借此機會豐富孩子的植物知識，很可能在不久的將來，孩子會喜歡上自然科學。

O 智慧作答

· 花和樹木是用根來吸水，這樣才能夠長大。就像你要吃飯一樣。當然了，如果澆太多水也是不行的，會把樹和花淹著了。這就像人一樣，吃太多會拉肚子。其實，花和樹木不僅需要水，也需要太陽光的照射。

Q53 為什麼動物中，公的比較漂亮？而且叫聲還比較大？

X 錯誤回答

· 老天冥冥中都給安排好了的。
· 這是上帝的安排。

□問題分析

相信這樣的答覆孩子一定會無法接受。這時候，父母必須要好好的想一想再作回答。如果小孩對於這方面的事情深感興趣，可以帶他到動物園去。告訴他：「哪隻是公的。」或是：「你看，哪一隻是母的呢？」讓孩子們去猜，也會很有趣。如果無法馬上帶孩子去動物園看，也可以翻開動物圖畫書等的書籍，讓孩子比較看看雌雄動物的不同。

O 智慧作答

· 對年齡較小孩子的回答：「實際上，這有很多的理由。其中之一就是雄性動物為了保護自己的小孩，抵禦外敵。要在其他動物面前，顯出威赫

有力的樣子，所以外表會比較漂亮。另外，外表漂亮，而且叫聲響亮，有自信，才能夠吸引雌性動物和他一起玩耍。」

· 對年齡稍大孩子的回答：「較強壯而有元氣的雄性動物，會生出比較強壯的動物，這樣才有利於種族的延續。這是『大自然的法則』。而叫聲大恰恰說明了他身體的強壯、威武。」

Q54

大象有肚臍嗎？小鳥有肚臍嗎？

X 錯誤回答

· 大象也有肚臍呀！由母親肚子裡生出來的寶寶都有肚臍，母親經由肚臍而把營養輸送給肚子裡的寶寶。像小鳥是從蛋中生出來的，從蛋中生出來的動物都沒有肚臍。

□問題分析

沒錯，這位家長的回答方式很有智慧。不過，對於 4 歲的孩子而言，這種回答仍顯得過於高深。如果家長希望能夠達到孩子理解的程度，就要具體的以小孩子身邊的例子來舉例說明，這麼做會較恰當。如果家中有養貓、狗，可以和孩子一起看看這些動物的肚臍。

O 智慧作答

· 母雞下蛋，再從蛋中孵出小雞。青蛙產卵，從卵中孵出蚵蟲鬥蝌蚪之後，才變成青蛙。像這些卵生的小生物，是沒有肚臍的。不過，像狗、貓都是從媽媽的肚子裡生出來，所以都有肚臍。

Q55 為什麼會有星星？

X 錯誤回答

- 你的曾祖父、曾祖母他們都變成了星星。
- 活著的時候，非常聰明的人，死後都會變成星星。

□問題分析

告訴孩子在人死了以後都變成星星的說法，這樣的回答很牽強。家長要對於孩子的心態做某種程度的接納，而後再給予回答。這就有必要先了解孩子的發問心態再來回答。如果孩子的想法是，星星那麼美麗，但是卻那麼遠摸不到，而問「為什麼會有星星」時，上面的回答就更顯拙劣了。正確的作答效果是，讓孩子了解到星星的獨特與美麗。

O 智慧作答

- 到了晚上，太陽公公去休息了，於是許許多多的星星就高掛在天空中，為我們照亮，你看他們一眨一眨的多美啊！

Q56 星星會不會掉下來？

X 錯誤回答

- 當然不會了，由於引力的作用，他們是浮在宇宙中的。
- 等你長大以後，就好好的研究星星，到時候你再告訴媽媽。

□問題分析

這樣的回答並不太合適。向這個年齡的小孩說明萬有引力，他們並不能理解。而且，如果孩子細心的話，也會看到流星，這會讓孩子更加困惑。

O 智慧作答

‧星星們都在天空上，大家的感情非常好，所以手牽著手，所以不會掉下來。它們在上面正微笑著看著你們，問道：「小朋友，你們好嗎？」你看，星星們是不是很漂亮呢？
當然，有時候它們一不小心會鬆開手，這時，有的星星就會掉下來。

Q57
我也要用假牙，可以嗎？

X 錯誤回答

‧小孩子甜食吃多了，就得裝假牙了，所以你要非常小心。

□問題分析

答案本身自然沒有錯誤，但是沒有充分考慮到孩子提出這一問題的心裡動機，事實上，孩子是看到長輩拿著假牙清洗，感到新奇、有趣，才有發出這樣的提問。其實，家長要對孩子把假牙的不方便性描述出來，才能更好的進行機會教育。

尤其要注意的是，小孩子看到大人把假牙拿下來時，會留下深刻的印象。因此，最好是不要嚇到他們。

O 智慧作答

‧假牙和真牙比起來，非常的不舒服，也不如真牙結實耐用。不信，你去

問問爺爺、奶奶，是不是這樣？所以，小時候，不要吃太多甜食。睡前、飯後要好好的刷牙、漱口，如此一來，就不需要這麼早就使用假牙了。從小就注意保養牙齒，防止蛀牙，那麼即使到爺爺、奶奶的年紀時，也不需要使用假牙。一旦有了蛀牙，多可怕啊！

Q58
吃下去的東西到底跑到哪裡去了呢？

X 錯誤回答

· 當然是被身體吸收了。
· 有的被身體吸收，有的拉出去了。

□問題分析

小孩子會覺得很奇怪，吃下去的東西到底跑到哪裡去了。父母單純的說食物被身體吸收或排泄出去，這對孩子而言，依然似懂非懂。回答這個問題，盡量舉例說明最好。另外，還可以給孩子看相關知識的圖冊邊看邊講述，提高孩子在這方面的興趣。如此一來，孩子會對於身體的作用提出各種引申問題，開拓孩子的思維。

O 智慧作答

· 食物從嘴巴進去後，就進入了一個氣球形狀的胃。食物在胃中被磨碎，然後就進入身體的各個部位。不需要的東西，就變成大便排出。
比如我們經常看到的汽車，車子發動時，必須要有汽油；這就像我們需要吃飯一樣，否則就不能運動，而吃進肚子裡的東西會使我們變得有力量，使身體能夠做各種運動。

Q59

為什麼山會噴火呢？

X 錯誤回答

· 因為人類到山上砍樹、摘花，破壞自然，所以山生氣、發脾氣了。

□問題分析

要向一個孩子說明火山爆發現象，實在是不容易。但是回答孩子問題時。也要根據事實來回答，這是應有的態度。上述答案聽上去很是不錯，但是孩子會真的認為，是由於人們砍樹、摘花而造成山發怒，進而導致火山爆發。一旦孩子上了托兒所或幼稚園以後，他（她）這麼說會讓別人嚇一跳，或是遭到別人的取笑。

O 智慧作答

· 在我們住的地底下的岩石是非常熱的。平時，它們在地底下，但一旦發生了故障，就有可能爆炸。這時候，地底下那些紅色的岩漿會噴出來。但是，像這樣的情形是非常少的，會噴出岩漿的山，就是固定的那幾個。通常，他們在爆發前都會先冒出煙來，所以很容易分辨。

Q60

為什麼地球是圓的呢？

X 錯誤回答

· 因為地球形成的時候就是圓的。

□問題分析

這樣的回答孩子似乎無法理解，因為雖然在科學書籍上，提到地球是圓的。但是，不論站著、坐著或走地在上時，一點也沒有覺得地球是圓的。也正是因為這樣，孩子才會提出這樣的問題。父母應該稍微仔細些，讓孩子一邊看書，一邊用溫和的語氣來說明。

O 智慧作答

· 其實，地球是非常大、非常大的。站在上面的人，即使像媽媽，也不會覺得地球是圓的，更何況是你呢？例如：我們在做雪人身體的雪球時，如果做得太小，那麼那個要放在上面當作頭的雪球放上去，馬上就會滾下來。不過，爸爸做的雪球大，甚至連你也可以站在上面。地球比爸爸的雪球還要大得多，所以有這麼多人坐在上面，也不會掉下來。
等你上學以後，你就會學到一些知識，那時你就會更加了解了。不過，你真是很不錯呢！還能注意到這個問題，你真是很了不起。

Q61 什麼是綠色食品？

X 錯誤回答

· 綠色食品，就是無公害食品。

□問題分析

什麼是無公害食品？有的家長自己對綠色食品也是一知半解，當孩子問起時，直覺的回答孩子的問題，這種做法不對，因為這讓孩子獲得了錯誤的答案，對日後他們在生活、學習等方面應用這一知識時提供了不良後果。

正確的跟孩子解釋綠色食品的含義、提倡吃綠色食品的意義、認識綠色食品的標誌、分辨綠色食品的方法等知識，可以教會我們的孩子合理的為自己選擇食物，讓他們吃得健康、長得健康。

O 智慧作答

・帶有「太陽底下的兩片綠葉托著一枚綠芽」的標誌的食物就是綠色食品，你一定要記住這個綠色食品標誌。

Q62 為什麼蒼蠅吃髒東西不會生病？

X 錯誤回答

・因為蒼蠅就是吃髒東西長大的。

□問題分析

這樣的回答，並沒有把孩子想知道的答案解釋清楚，這樣的答案，毫無意義。

這個問題因為沒有涉及一些尷尬和禁忌的話題，所以直接告訴孩子蒼蠅吃了髒東西不生病的原因，是最好的答案。不僅讓孩子增加了知識，還激發了他探索的欲望，有可能在經歷此事件後，孩子會更加習慣於提問和研究。

O 智慧作答

・因為在蒼蠅體內能分泌出一種可以把病菌殺死的物質，而且蒼蠅的消化速度極快，一般能夠在幾秒鐘之內完成進食、消化吸收和排洩這一系列過程，很多細菌根本還沒來得及繁殖就被排洩出去了。所以，蒼蠅吃了髒東西後，是不會生病的。

Q63
我可以養一隻熊貓當寵物嗎？

X 錯誤回答

· 真是想的美啊，熊貓是那麼好養的嗎？
· 如果能買到，我就會給你買一隻。

□問題分析

第一個回答有一種嘲笑的意味。不要嘲笑孩子，孩子的純真，才體現了他們的可愛之處。熊貓是不好養的，當然也是不能私有的，你只要告訴孩子喜愛熊貓就要讓它自由健康的成長就行了，沒必要嘲笑孩子一番。

第二個回答體現了家長自私醜惡的占有心理，也許就因為有很多人有這種占有「稀有動物」的心理，才會大量的去捕捉那些珍稀保育類動物，才會使很多動物瀕於滅絕。

面對孩子的問題，我們在對稀有動物瀕於滅絕感到惋惜的同時，應該將這一項人類的悲哀慎重的告訴我們的孩子，從小培養他們珍愛小動物，愛護小動物之情。

O 智慧作答

· 當然不可以，因為熊貓是所有人的寶貝，而且熊貓的數量也很少，大家都應該愛護它，但不能私自占有。如果你喜歡熊貓，以後爸爸媽媽常帶你去動物園來看熊貓好嗎？

Q64

蒼蠅為什麼不停搓腳？

X 錯誤回答

· 你怎麼不觀察點好的東西，老盯著那髒兮兮的東西看？

□問題分析

如果你的孩子向你提出這樣的問題，身為家長應該感到高興，因為孩子已經有觀察周邊事物的意識，記住，好奇是引發孩子產生向上動機的開始，因此要注意呵護孩子的好奇心！

O 智慧作答

· 蒼蠅搓腳是為了清除腳上沾著的食物等東西，保持腳的清潔。否則，腳上的東西越積越多，不僅影響飛行、爬行，還會使牠腳上的味覺器官失靈。也就是說，蒼蠅搓腳是為了使腳清潔，保持牠飛行、爬行和味覺的靈敏性。

Q65

為什麼鳥在樹上睡覺時不會摔下來？

X 錯誤回答

· 因為鳥有翅膀，即使摔下來，在半空中也會再飛起來的。

□問題分析

毋庸置疑，這個答案從任何角度來講都無法讓人信服。如果父母對這一問題也不知道的話，那就在網路上查查資料或問問周邊的家長吧！總之不要給你的孩子這樣一個不妥的答案。

O 智慧作答

· 鳥和人類一樣，睡眠時全身放鬆，但牠卻不會從樹上掉下來。其實，奧妙就在鳥的腿上。那些在樹上睡覺的鳥類的腳上，有一個鎖扣機關，非常適合抓住樹枝。當鳥全身放鬆蹲下睡覺時，牠能用身體的重壓使腳趾自動緊握住樹枝，這樣一來就只管放心睡覺，萬無一失，摔不下來。當鳥睡醒後站立起來時，牠腳上的那個機關又重新舒展開了。
同時，鳥類為了適應環境的需要，在長期的飛翔生活中練就了一套高超的平衡本領，這也是牠能在睡眠時不會從樹上摔下來的重要原因。

為什麼鶴要用一隻腳站著睡覺？

X 錯誤回答

· 牠是在休息另一隻腳吧！

□問題分析

這個回答不能算錯，但是還不全面。家長在不能準確的回答孩子問題的時候，可以透過其他途徑查詢獲取準確的答案，然後以孩子能夠接受的語言予以解答。

O 智慧作答

· 在動物世界裡，鶴只能算是一種弱小的動物，牠們有許多強大的天敵。

鶴要生存下去，必須保持高度的警惕性。如果牠像其他動物一樣躺下睡覺，一旦遇上危險，就難以逃脫。然而，鶴站著睡覺或休息是一件很疲勞的事，牠那「骨瘦如柴」的腳，難以長時間承受身體的重量。聰明的鶴想出了一個好主意，當牠睡覺或休息時，就用一隻腳站在地上，另一隻腳收縮起來，靠近腹部休息。過了一會兒，再放下另一隻腳來替換。這樣用兩隻腳反覆交換站著，自然就不會感到吃力了。同時，如果發現敵人來了，牠會立即放下收縮的那一隻腳，張開翅膀飛離。

Q67

為什麼動物園裡的猴子要幫同伴捉蝨子？

X 錯誤回答

· 因為猴子彼此之間互相關心，非常團結。

□問題分析

在動物園裡，常常看到猴子之間相互在對方的身上抓取什麼放在嘴裡吃掉。於是人們以為這是猴子在給同伴「捉蝨子」，其實這不是捉蝨子，而是從同伴身上撿鹽粒吃。這個回答應該是很多家長最常犯的常識性錯誤，一定要注意。

O 智慧作答

· 這是因為猴子排出來的汗液裡含有鹽分，汗水揮發後，這些鹽分便和皮膚和毛髮上的汙垢結合成鹽粒。由於動物園的猴子的食物裡沒有加鹽，猴子便覺得鹽分不足，就彼此拾取對方身上的鹽粒吃，於是看起來就好像是在給同伴「捉蝨子」。

Q68

猴子的屁股為什麼是紅色的？

X 錯誤回答

· 天生如此，這還用問嗎？

□問題分析

這是一個沒有效果的回答，沒有對孩子的提問負責任，自然不會讓孩子信服。

O 智慧作答

· 猴子和我們人類一樣，身體裡也有很多血管，血液透過這些小管子流到身體不同的部位。因為猴子屁股上血管特別多，血液的顏色顯露出來，於是猴子的屁股就變成紅色的了。

Q69

袋鼠為什麼總是喜歡打架？

X 錯誤回答

· 牠們是在爭奪食物。

□問題分析

袋鼠為爭奪食物而打架的可能性是有的，但是這不是牠們的常態，所以我們看到的「打架」只是一種正常現象而已。事實上，袋鼠是一種活潑可愛的動

物，牠們喜歡在草地上蹦蹦跳跳，兩隻袋鼠遇到一起時，還喜歡像打拳擊那樣，面對面的用前肢來拍打對方。

O 智慧作答

· 寶寶，你千萬別以為袋鼠很凶，其實牠們的脾氣很溫和，袋鼠之間打來打去, 其實是在打鬧玩耍，就像是小朋友之間在玩遊戲，袋鼠的後腿長得非常強壯，而前肢卻又短又小，所以即使拍打到同伴的臉上，也不會有什麼危害，反而是一種表示友好的動作。

Q70

植物到了晚上也睡覺嗎？

X 錯誤回答

· 沒聽說過植物也睡覺的，只有人和動物才睡覺。

□問題分析

這個回答是錯誤的，植物也是需要睡覺的，為什麼呢？原來，植物的睡眠是由周圍環境所引發的、保護自己的一種運動。在白天和黑夜裡，光線明暗差異顯著，氣溫也高低懸殊，空氣溼度大小不同，在長期的自然選擇過程中，植物就逐漸形成了對環境的適應

O 智慧作答

· 我們知道，人和動物都要睡覺的，有趣的是植物也要睡覺。有的植物的葉子、花兒會晝開夜合，有的是夜開晝合，這種現象叫做「睡眠運動」。花兒的睡眠，時間有早有晚，有長有短。太陽花就是一個貪睡的小東西，牠在上午 10 點鐘才剛剛醒來，綻放開五顏六色的花，可是，一過中午，

牠就閉合起來睡眠了。碰到陰天，牠似乎很貪玩，要到傍晚才進入「夢鄉」。有些花兒與眾不同，白天睡大覺，夜晚時分醒來，晝夜節律顛倒了。如紫茉莉下午5時左右開花，到第二天拂曉時花就閉合起來睡覺了，好像怕見太陽似的。月光下含笑開放的花還有月光花、待宵草等，都是晝閉夜開的花。還有番紅花在早春時候開花，一天之中，時而張開，時而閉合，時而又張開，醒了睡，睡了醒，醒醒睡睡，反覆好幾次。

Q71

我認識很多字，是不是說明我能力已經很強了？

X 錯誤回答

· 對，你很厲害，媽媽為你自豪。

□問題分析

這樣的回答似乎沒問題，卻有可能讓孩子今後只專注於這方面。很多家長都會為孩子的各種能力由衷的感到自豪，都希望把自己的孩子培養成天才。其實，真正的天才不僅僅學習能力很強，而且還具備其他方面的超級能力，比如與他人相處時應變能力、理解他人的能力等。

孩子認識很多的字，不代表孩子有很強的能力。識字只是孩子各種能力其中的一種，家長應該想辦法全面培養孩子的能力，不要逼孩子把精力都放在認字讀書上，讓孩子多參與一些能給他們帶來快樂的事情，孩子只有快樂了，才會富於熱情的去發展其他各方面的能力。

O 智慧作答

· 寶貝，你已經認識了很多字了，但是你還有很多東西要慢慢學，學了很多東西以後，你的能力就會越來越強了，你能健康快樂才是最重要的

Q72
人的尾巴藏在哪裡？

X 錯誤回答

· 你聽誰說的，人哪有尾巴？

□問題分析

孩子會發現很多動物都有尾巴，因此會很好奇，為什麼自己的尾巴看不到呢？這個問題該怎麼回答呢？上面的回答太不合格了，要在孩子為什麼提出這個問題的關鍵點上做出回答，才最有效果。

O 智慧作答

· 尾巴的功能是很重要的，對於松鼠，尾巴是重要的平衡器官；而對於鳥類，尾巴除了平衡身體以外，還可以改變方向；對於猴子來講，尾巴是支撐身體的第三條腿，也是爬來爬去的工具；而馬的尾巴就像是夏天裡的蒼蠅拍……總之，每一種動物的尾巴都有牠自己的功能。人是由動物進化而來的，那麼似乎我們也應該有一條尾巴，可是我們沒有，摸摸屁股，尾巴到哪去了？人沒有尾巴，為什麼呢？

這是因為人在由動物進化到人的過程中，尾巴所能起的作用漸漸消失了。隨著人進化的發展，人的大腦越來越發達，動作越來越靈活，尾巴失去了原有的功能，反而越來越礙事，所以慢慢的，尾巴就退化了。這一現象被遺傳下去，所以人就不會有尾巴了。可是有時會出現例外，由於胚胎在胎兒期沒有得到適當的刺激，發生畸變，尾巴沒有發生退化，那麼出生後也會發生有尾巴的現象。

Q73 媽媽打我和抱我的手是同一雙手嗎？

X 錯誤回答

· 當然啦！媽媽做飯、料理家務、抱著你的，都是相同的一雙手啊！

□問題分析

事實上，孩子的意思是，媽媽由可怕的母親突然變成溫柔的母親，簡直不像是同一個人。因此，孩子就以「是相同的一雙手嗎？」來表示。其實，這是屬於情緒性的問題。可是，這位媽媽卻以手的功能來回答。因此，兩人的對話並沒有交集。

當孩子的問題不明確時，父母可以問孩子：「剛才你說的是什麼意思呢？」這麼做會比較恰當。這個問題，孩子的本意是「媽媽在打我的時候，手就像棍棒那麼硬；在抱我幫我擦眼淚時，卻非常柔軟。」正是因為對手的接觸有不同的感覺，導致了孩子做了這樣的表達。

O 智慧作答

· 當你不乖的時候，這雙手會打你；當你悲傷的時候，這雙手就會變成溫柔的手，幫你擦眼淚。

眞的有聖誕老人住在很遠的國家嗎？

X 錯誤回答

· 那些都是童話故事裡講的，你的禮物都是爸爸媽媽送給你的。

□問題分析

現在的小孩子經常會問起關於聖誕老人的問題，而父母親都不知道小孩子到底相信到什麼程度，所以大都不知道該怎麼回答。

雖然不想破壞孩子的夢想，可是又懷疑孩子知道這可能是假的，知道把禮物放在枕頭底下或襪子裡的是爸爸、媽媽。有這種想法的父母親，就無法順利的回答。這時候，可以反問孩子：「你認為呢？」如果孩子知道真相，而父母親又按照一般的說法告訴孩子，孩子就會認為父母親在說謊。所以應根據孩子的智力程度予以回答，具體可參考如下：

一般而言，4 歲左右的孩子都會相信聖誕老公公的存在。在面對這樣的孩子時，就必須要重視其夢想。從孩子是否相信聖誕老公公的存在，可以知道他（她）的智力發展到了什麼程度。這樣也可以當作回答的參考。

3～4 歲時：相信聖誕老人的存在。

5 歲時：開始會認為聖誕老公公不是住在很遠的北方，坐著麋鹿，拉著雪橇；而是住在普通人的家裡。

6 歲時：開始對於聖誕老公公的傳說感到矛盾，產生許多疑問。但是，他會消除自己的疑問，而且會發揮想像力，沉醉在自己的夢想中。

7～8 歲時：這種疑問更加強烈，開始作具體性的否定。可能會想如果沒有煙囪，聖誕老公公要從哪裡進來？還有，煙囪那麼窄，又要怎麼進來？

O 智慧作答

以 3～4 歲的孩子的作答為例，可這樣回答：

· 媽媽也認為有，聖誕老公公住在很遠的國家。
· 聖誕老人為了給每個孩子送禮物，不遠萬里，坐著雪橇，從天空飛過來的。

Q75
人為什麼活著？

X 錯誤回答

· 因為有美味可以品嘗，有旅行聖地可以觀光……

□問題分析

也許，一個大學生提出這樣的問題時，他的意思是：「為什麼人類必須活著呢？」而一個幾歲的孩子的提問並沒有這種深意。事實上，這個年齡段的孩子多是因為自己的表現能力不夠，才會提出這種難以回答的問題，因此，要嘗試用反問的方式去了解孩子的真正意思。

O 智慧作答

· 你認為呢？你認為你為什麼活著呢？

Q76
為什麼地震那麼可怕呢？

X 錯誤回答

· 大地震時，地面會突然晃動，有時甚至會裂開。房子會倒塌，而且會有很多人死去。還會發生火災，更有些人會被燒死，所以很可怕。萬一地震時，要跑到屋外去。

□問題分析

這種回答方式並不恰當，因為這會使孩子對於地震產生嚴重的恐懼感。一聽到地震，很可能就失去冷靜，反而會因此而產生嚴重的後果。

此外，即使孩子問及地震的原因，說：「為什麼會有地震呢？」其實，這是因為孩子在這個時候，對於地震懷有恐懼感而發問；所以在這個時候千萬不要嚇唬孩子，從而加重孩子的恐懼感。要記住：恐懼感會傳染。

O 智慧作答

· 地震時，房子會搖晃。這時，躲在大樹下或堅固的桌子底下，就不需要擔心。地震時，最重要的是要把火熄滅。如果晃動得很厲害時，就要和爸爸媽媽一起到屋外。

Q77

什麼是執行死刑呢？

X 錯誤回答

· 就是用槍把壞蛋槍斃，殺死。
· 用某種方式把壞人殺死。

□問題分析

孩子還太小，對於死亡、殺死、死刑等詞彙還很恐懼，過於嚴肅的回答即使答案正確，對孩子的身心健康來講，也沒有太多好處，因此，談及類似死亡話題等問題，給予孩子能夠接受的答覆即可。

O 智慧作答

· 就是說，有人做了令人覺得可恥的事，這種人是非常壞的人。這時候，

神會把這個人叫回他的身邊，把他變成好人。這時，對這個人而言，是非常痛苦的，所以我們不能夠做壞事。

Q78 媽媽，什麼是毒品啊？

X 錯誤回答

· 你怎麼偏偏對這個問題感興趣？

□問題分析

對於毒品，年幼的孩子本來是知之甚少的，然而，在現實生活中，孩子無可避免的暴露在充斥著大量相關資訊的環境之中，學校裡、家庭中和媒體上都有抵制毒品的資訊。所以他們常常在看到傳媒上展現出的這些有關毒品的主題時，會莫名其妙的發問。

父母不要緊張，借此機會好好的向孩子介紹一些有關毒品危害的問題吧！還必須要正確的引導，幫助孩子正確的認識毒品的危害，使孩子杜絕一切有關毒品的誘惑。

O 智慧作答

· 電視裡說的毒品是一種使人成癮、又不會馬上致命的藥品，包括鴉片、嗎啡、海洛因等等，這些都是治療某些疾病不可缺少的藥物。但若是使用不當，或長期使用成癮，就會對人產生極大危害，甚至造成死亡。我們要拒絕一切有關毒品的誘惑，千萬不要拿自己的生命開玩笑，絕對不能嘗試！否則，就掉進苦海難以自拔了。

Q79

為什麼要把那個人（犯罪嫌疑人）抓起來？

X 錯誤回答

· 他是犯人，當然要把他關起來，你可不能學他，否則也會像他一樣被關起來。

□問題分析

資訊化時代，在我們的生活中充斥著各種資訊，孩子不可避免的會接觸到一些對他們成長不是十分有利的資訊。孩子對這些現象很好奇，所以常常會根據他所看、所聽到的事情發問。

爸爸這樣的回答，是不對的。孩子不明白為什麼不能學嫌疑犯，他們會產生疑惑，他們會對自己的一些做法產生焦慮，比如打碎了玻璃，偷吃了兩塊糖……他在想這樣的錯誤警察會不會來抓他，會不會把他關起來？使孩子產生疑惑、焦慮的結果，這可能是很多家長都不想看到的吧！

父母身為孩子的第一任啟蒙老師，面對孩子對外界資訊的選擇和接受，有著十分重要的指導作用！我們應該正確的應對孩子的這些發問，幫助孩子學會如何分辨、選擇有益資訊，拒絕、遠離有害資訊，讓孩子在資訊爆炸的衝擊中，學會資訊化的生存方式。

O 智慧作答

· 從這個短片中看出，他是因為……構成了犯竊盜罪的事實，所以被拘捕了。我們應該從小事做起，不偷拿別人的東西，不要因為犯竊盜罪被拘捕。

Q80
媽媽，妳什麼時候會成為老奶奶呢？

X 錯誤回答

· 大概是在你上大學的時候吧！不過，如果你總是很淘氣，不讓媽媽省心，媽媽可能會更早成為老奶奶了。

□問題分析

其實，孩子的意思是怕媽媽過早的變老，心裡非常害怕。他希望媽媽更有活力、更有精神。每個小孩子都會希望母親年輕又美麗，他們並不希望母親有像奶奶一樣的滿是皺紋的臉。一個憔悴的母親並不是孩子所期望的。因此，應該告訴孩子，要變成老奶奶還很早，在這之前孩子會結婚，生小孩。這麼回答孩子，會讓孩子抱有希望。

O 智慧作答

· 沒有關係，媽媽不會那麼快就成為老奶奶的。媽媽只是今天稍微累了一點，稍微休息一下就會好的。
· 等你長大以後，結婚，生小孩後。那麼，媽媽就會做奶奶，那時候，人家就會「奶奶，奶奶」的叫我了。不過那是很久以後的事了。

媽媽，什麼是綁架啊？

X 錯誤回答

· 就是壞人把小孩抓走了，後來那些小孩大都被殺死了。所以，單獨玩耍

的時候，如果有陌生人叫你，要馬上跑開

□問題分析

由於母親剛剛聽了電視上報導的可怕綁架事件，就會覺得孩子的周圍有罪犯出沒。當然，父母親經常會考慮到孩子的安全，可是卻也不應該導致孩子有過度的警戒心。

實際上，母親如此告訴孩子，會使孩子變得神經質。甚至不敢獨自留在家中，不敢走在黑暗的道路上，這種例子很多。因此，在這種情況下，要教導孩子有某種程度的危險意識。告訴他為了避免遇到危險，必須要注意的一些事情。還有，要考慮到對於日後的生活有助益的事情，這是最重要的。

O 智慧作答

· 綁架就是一些容易輕信他人言語、愛貪小便宜的孩子被壞人給帶走了。因此，要記得把媽媽和老師對你平時的教導，遇到陌生人要提高警惕。隨時與周邊的人取得聯繫，才不會被壞人帶走。

Q82

為什麼世界上有小偷？

X 錯誤回答

· 因為在小時候，沒有鍛鍊耐性。長大時沒錢，卻又想要用錢時，就會去偷了。

□問題分析

這種回答並不是不好，但是像小偷這種人，有時候有錢還是會去偷，因此，當孩子問到這個問題，不妨直截了當的告訴他小偷的本性及大家對小偷的態度。

O 智慧作答

・因為有一種人好吃懶做、心腸很壞，非常自私，我們會經常看到有這樣的人在我們的生活中出現，這種人就是小偷。大家都不喜歡這種人，如果你看到小偷，要及時告訴爸爸媽媽和身邊的人。

Q83 為什麼我們家沒有汽車呢？

X 錯誤回答

・我們家沒錢買呀！
・他們都是運氣好賺到錢而已，不然哪來那麼多錢買汽車呢？

□問題分析

社會的差異性是客觀存在的事實，每個人都必須以良好的心態去接受這種差異。年幼的孩子，同樣要有這樣一個逐漸認識的過程。面對孩子提出這樣的問題，家長們一定要教育孩子從小能正確理解這種差距，以良好的心態去面對和適應未來的社會，以積極的努力實現人生的價值。

父母要引導孩子學會正視社會差異，更要教育他們如何透過自己的努力，縮小與別人的差距，透過自身的努力，去創造美好的未來。這樣的教育才能使孩子更好的認識並適應社會，提高孩子們的社會競爭能力。

O 智慧作答

・寶貝，爸爸媽媽也想有一輛汽車，所以爸爸媽媽正在努力的工作，讓我們家的日子過得更好些。別人家有汽車，那也是他們辛苦努力賺來的，別人比我們過得好，說明別人的努力獲得了成功。所以我們不要光羨慕人家，更要向人家學習，這樣才能讓我們的生活更加美好。

Q 84 爸爸媽媽為什麼要離婚？

X 錯誤回答

· 孩子，你爸爸沒有良心，不管我們了。

· 你媽媽和別的男人在一起了，不願意回這個家了。

□問題分析

父母離婚，對幾歲的孩子來講，造成的傷害甚至會影響他（她）的一生。因此家長一定要打消孩子的疑慮，讓孩子以一種健康的心態看待離婚的事實，讓他們理解離婚只是表示不幸婚姻的結束，讓爸爸媽媽開始重新選擇自己的新生活。告訴孩子父母離婚了，但也會像從前一樣，永遠愛著他，這對孩子來說是最大的安慰。當在以後的生活中，孩子逐漸發現自己的生活沒有太大變化時，對父母離婚的恐懼就會消除。單親家庭家長一定要調整好心態，走出陰影，為孩子營造正常的生活氛圍，給孩子安全感，讓孩子的身心健康發展。

當孩子提出這個讓人心痛的問題之時，父母該如何回答才好呢？如何才能將對孩子的傷害降到最低呢？

O 智慧作答

· 寶貝，爸爸和媽媽離婚了，是想讓彼此過得更好一些，不再那樣痛苦，開始自己的新生活。但我們對你的愛不會變，你永遠都是我們最親愛的孩子。

Q85
為什麼奶奶會死呢？

X 錯誤回答

· 因為奶奶一直有病且還無法治癒，所以去世了。

□問題分析

所有年幼的孩子多多少少都對死亡有一定的了解。死亡發生的範圍和情況各異，孩子的反應也各種各樣。無論是怎樣的特定情況，父母對孩子談論死亡都是件不容易的事情，父母對這類問題的確很難迅速簡捷的做出回答。所以在此時，父母最應該做的就是，好好安慰孩子，並了解他在想些什麼，讓孩子說出他的感受，並且告訴孩子家庭成員總是患難與共的，在災難過後，家人只能變得更親密、更堅強。

上面的回答，孩子會感到無能為力，會引起他（她）對死亡，對疾病的恐懼感以及對醫生的不信任感，導致他（她）以後在自己或其他親人生病時，產生不必要的憂慮，這對孩子的身心健康不利。

O 智慧作答

· 寶貝，我暫時不能回答你的問題，因為我也很傷心，等過了這陣子，我的心緒平靜了再給你解釋，好嗎？

難道爸爸也會生病嗎？

X 錯誤回答

· 爸爸又不是鐵人，怎麼會不生病呢？
· 所以你要乖乖的，這樣爸爸的病才會好啊！。

□問題分析

生病幾乎是每個人都可能經歷過的事情。但是孩子卻不這麼認為，在孩子的眼裡，父母是很神奇的，是無所不能的「超人」，正因為如此，當父母的另一面展現在他們的面前時，孩子們的疑問便產生了。

第一個回答，很明顯是媽媽沒有控制好情緒，語氣過於激烈，會給孩子的心靈造成傷害，這樣做會降低父母在孩子心目中的地位，還會使孩子對父母產生厭惡和排斥。

第二個回答也很明顯是「隨機教育」搞錯了時機，因為爸爸生病並不是孩子的過錯，媽媽這樣說會讓孩子從此做事很小心，很謹慎，變得「很乖」，從而限制了孩子的正常行為，如果長期這樣下去，會影響孩子的健康成長。

O 智慧作答

· 每個人都會生病的，爸爸也不例外，但是爸爸平時很注意鍛鍊身體，所以很少生病。因此我們每個人都要注意鍛鍊身體，保證健康！現在爸爸雖然生病了，但是很快就會好了，因為爸爸有很強的抵抗力。

Q87

人死後都去了哪裡？

X 錯誤回答

· 變成鬼了。
· 到天堂裡去了。

□問題分析

這兩個回答方式是最常見的回答方式，但都十分不妥。

第一個回答，將使孩子誤以為世上真的有鬼，會使孩子受到不必要的驚嚇。還會引起孩子的恐懼感，繼而影響他們的正常生活，甚至會造成更嚴重的後果，千萬不要這樣回答孩子。

第二個回答是將死亡這一話題神祕化了。如果這個問題長久縈繞在孩子心中得不到解答，會讓孩子產生壓抑感，甚至孩子會自行去尋找解脫的方法，十分危險。

面對孩子提出的這些「死亡之後」的抽象問題，家長們可能難以正確的回答，但必須要重視孩子提出的此類問題，家長可以根據孩子的年齡、認知能力、心理因素等，在孩子可以理解的範圍內小心回答。

O 智慧作答

· 寶寶，奶奶去了一個很遠很遠，並且是我們每個人都得去的地方。但是現在我們不能去，只有等死亡來臨時，我們才可以去。

Q88 我什麼時候會死呢？

X 錯誤回答

· 你在瞎說什麼呢，以後不許再這樣問！

□問題分析

隨著孩子年齡的增長，頭腦變複雜，以及他們經歷的一些事情，使他們開始對死亡產生不安與焦慮，因為這種「失去」的感覺會讓他們失去安全感，所以他們對生老病死的疑問逐漸產生。家長不要因為自己內心的恐懼和避諱，

而不談論死亡這個話題。如果你這樣回答孩子，會使孩子對死亡更加恐懼，讓他們產生壓抑感，因為他們本身就對死亡存有高度的好奇、迷惘、焦慮、恐懼及壓力。當孩子提這個問題時，家長一定要認真傾聽，從而判斷孩子究竟想知道什麼。你的回答只要滿足了孩子想知道的問題就可以結束談話。

O 智慧作答

· 這個很難說，不過你現在完全沒必要擔心，因為你還要活很多年，你還要做很多事情，比如上學、上班，在有了自己的孩子和孩子的孩子以後，才可能出現這樣的問題。

Q89
你為什麼送別人禮物？

X 錯誤回答

· 這是大人的事，小孩子不要多問！
· 因為我要求人幫忙，所以要送禮給對方。

□問題分析

送禮物給上司或朋友表示對自己的關心和培養人脈，這是無可厚非的，家長應該從積極的層面上給孩子進行解釋，而不要像第一個回答那樣，表現出無奈、厭煩的情緒。這會讓孩子覺得家長是有意在恭維他人，進而變得虛偽、功利！而第二個回答，家長們堂而皇之的，毫不忌諱的將送禮請人幫忙的這種功利行為一覽無餘的表現出來，對孩子的影響更是不言而喻。

家長應認真告訴孩子禮物的真實含義，是尊敬、友好的表現，不能作為達到目的或實現某種交易的手段。引導孩子避免做出功利的、害人害己的送禮行為。

O 智慧作答

· 送禮物是我們要向人家表示感謝的方法，因為主任曾經幫過我們家的大忙，一直沒機會謝謝人家，就借著新年送點東西表達謝意，這是善意的舉動，不是所謂的「賄絡」，這是真正的禮物。就像你在教師節要送給老師教師卡向老師表達謝意一樣。

為什麼你們非要我自己一個人睡？

X 錯誤回答

· 必須自己睡，不聽話我可打你屁股了。
· 因為你是大孩子了，應該自己睡了。

□問題分析

許多當家長的對於安頓孩子晚上睡覺的難題都會很頭痛。對幼兒來說，睡覺是一段孤獨、可怕而又漫長的時間，如果有父母陪伴，他們會感到安全和舒暢。

第一種恐嚇的答覆方式不會收到好的效果。其實孩子也很難受，他現在最希望得到的是父母愛撫和陪伴，所以安慰和鼓勵他吧。這時過多的講道理和叱責，都會起到適得其反的作用。

第二個回答，也會引起孩子的反抗，希望你能記住，滿足孩子需求的辦法絕不止一種。無論你選擇什麼做法，最重要的事情在於:透過你的關注和照料，給孩子最大限度的安全感。孩子會自願獨自睡眠。

所以在應對孩子獨自睡覺的問題上，家長們要做好處理，根據孩子的年齡、習慣即要合理的滿足孩子心理的需要，還要培養他們的自立精神。當家長陪孩子睡覺時，可以輔以其他措施，比如：播放安眠曲、設置柔和的燈光等。

這樣做的同時，必須讓他確信：爸爸媽媽是可以信賴的，只要他有所需要，爸爸媽媽會立即出現在他的房間。

O 智慧作答

· 好吧，寶貝，現在媽媽陪你去睡覺，但是我必須跟你說明一個問題：因為你已經長大了，我們希望你能在自己的床上睡一整夜。如果你半夜需要我們，你可以隨時告訴我們。爸爸媽媽總有不在你身邊的時候，我們有可能會因工作的原因而去出差，如果你不能獨自睡眠，會讓爸爸媽媽很擔心的，所以，你必須學會自己獨立睡覺。

Q91 爸爸（媽媽）能陪我一起上幼稚園嗎？

X 錯誤回答

· 不行，媽媽要去上班，不能陪你！

□問題分析

孩子「黏」著父母，這在幼兒階段完全正常，不要著急。家長應當盡力理解他（她）並盡量為他（她）提供這種機會。但也要適當的培養孩子的自立能力，比如：當你需要時間在家獨自處理其他事情的時候，應當盡量分散開孩子的注意力，比如：給他一本畫冊或一箱玩具，使他（她）可以獨自玩一段時間。妳也可以邀請他（她）的小玩伴來家中與他（她）共同玩耍。一旦他找到了自己的小朋友，或是找到他喜歡的事物，他自然會歡歡喜喜的前往，也就不再苛求妳的陪伴了。當孩子長大到足以安全的獨自玩耍而無須近距離的監護時，妳就會有足夠的時間留給自己。

上面的回答有時候可以奏效，可是孩子更關心的是媽媽為什麼必須工作而不陪他（她）上幼稚園，如果妳不想孩子再無休止的胡鬧下去，妳最好告訴他上學是他（她）的責任，而工作是媽媽的責任，每個人都有自己的責任，都要為自己的責任負責。

O 智慧作答

- 寶貝，這是不可能的，因為媽媽要上班，我得為自己的工作負責。媽媽不是幼稚園的老師，是不能在幼稚園陪你的，陪你們是老師的責任，我們每個人都應該為自己的工作負責。當然，我們的寶寶也有責任呀，你去幼稚園也是自己的責任，你看幼稚園有那麼多老師和你最要好的小朋友們陪你，你是不會孤獨的。這樣吧！你現在去幼稚園，晚上放學，我和爸爸一起去接你好嗎？來讓媽媽親一下，晚上見！

我為什麼不能喝奶了？

X 錯誤回答

- 你是大孩子了，就不應該喝奶了！
- 因為媽媽沒有奶水給你吃了。

□問題分析

第一種帶有恐嚇味道的回答，只會拉大孩子與母親心理上的距離，他（她）還是不能真正理解為什麼不能吃媽媽的奶，是不是因為媽媽不愛他了等，這會在孩子的心理上留下陰影。

那麼第二種回答的弊端在哪裡呢？孩子的要求只是好奇自己為什麼不能吃媽媽的奶而已，提出這種要求，說明他們還未過心理上的斷奶期，大人應該正

確理解這一點。孩子的願望還是沒能滿足。他們可能會感到委屈，為什麼別的媽媽有奶，別的寶寶都有奶喝，為什麼自己的媽媽就不行呢？

從生理上斷奶後，孩子還有一個漫長的心理斷奶期。這個時期，是最容易使孩子造成性格偏差、形成心理痼疾的時期，所以父母一定要加強對這個時期孩子的自主教育，告訴他們什麼該做，什麼不該做，要及時培養孩子的獨立性格，使孩子真正健康的成長起來。

O 智慧作答

· 寶寶，你以前是吃媽媽的奶長大的。因為以前的你沒牙齒，不會吃東西。現在你長大長牙齒了，會自己吃東西了，當然應該自己吃東西了。你瞧優酪乳多好喝呀，還有你喜歡的巧克力口味的，並且裡面的營養更豐富，有助於你健康成長！

Q93 我為什麼不能自己出去玩？

X 錯誤回答

· 不聽話的話你就自己出去吧，被壞人抓走別怪我！

· 外面太危險了，你自己出去可不行啊！

□問題分析

第一個回答過分強調行為的危險性，而不跟孩子解釋清楚禁止孩子行為的原因，只會讓孩子對類似的行為都感到恐懼，他們會缺乏行為能力和學習的勇氣，對於膽小軟弱的孩子危險更多！

第二個回答同樣也會讓孩子感到恐懼，但是危險存在的可能性太多，防不勝防，家長們只有對孩子進行安全和自我保護意識的教育，教會孩子正確躲避風險，才是根本之道。

家長用不著過度恐慌的把孩子拴在身上，但是一定要給予足夠的監控，並對孩子進行必要的安全教育和自我保護意識教育，可以讓孩子在父母的幫助下，掌握一些安全自衛的知識，也要教會他們生活中各個環節和各項活動的具體要求，知道怎樣做才對，怎樣做不對，使孩子懂得危險在什麼地方、怎樣去避開危險，這樣才能使孩子更安全。

O 智慧作答

- 寶寶，暫時還是由媽媽來送你好嗎？而且媽媽還要教你一些安全常識，等你真正掌握了這些安全常識以後，我保證一定讓你獨自去上學好嗎？

Q94 我可以親小妹妹（小哥哥）嗎？

X 錯誤回答

- 那怎麼行，別人看到了會以為你是在耍流氓呢！
- 你要是敢那麼做，我非打腫你的屁股不可！

□問題分析

孩子表達喜歡別人的方式，可能在大人的眼裡是有點太直接了，孩子的性格直白外露，有利於他們健全人格的形成，如果對他們的行為過於嚴厲的批評指責的話，有可能會矯枉過正。

面對孩子的問題，家長首先應將問題逐一分析整理後，知道孩子在想什麼，為什麼要這樣做，然後再把正確答案完整的灌輸給孩子。不要一棒子打死，要知道這樣做的結果不僅僅是傷害了孩子的自尊心，就連孩子接受知識，學習交際技巧的機會都被你扼殺了。

在回答孩子的問題前，你要讓孩子先說出他們的感情，為什麼要這麼做，父母要真正的去聽他們在說些什麼。然後告訴孩子交際的基本原則：是要學會彼此尊重。還要告訴孩子要注意哪些倫理知識，注意在交流中應該怎樣採用合理的表達喜愛的方式，讓孩子學會選擇不同的方式去表達自己的情感！

O 智慧作答

· 最好是不要親小妹妹（小哥哥），因為不管是對誰，我們都要尊重別人。沒有經別人同意是不能親別人的。在家裡，我們可以親你，你也可以親爸爸媽媽，這是因為我們都默許對方的行為。對家人以外的人，他們不了解你，所以沒有經過同意，你是不能親他們的！你喜歡美美可以用別的方式來表達你喜歡她呀，比如握手、擊掌、微笑等。

Q95

為什麼我不可以直接稱呼爸爸媽媽的名字？

X 錯誤回答

· 那怎麼行，那是沒禮貌的表現！

□問題分析

其實，偶爾對家長直呼其名，又有何不可呢？不要大驚小怪。當然，如果你對此感到不適或者尷尬，那麼你可以溫和的跟孩子講道理，為什麼要叫你們「爸爸」、「媽媽」，用不著因此大聲的斥責孩子。

孩子在二三歲之間對自己的父母、長輩直呼其名，這種現象並不少見。因為孩子是在模仿他一向聽到的稱呼。但隨著年齡的長大，孩子已經能簡單的分辨什麼是允許的，什麼是不允許的，孩子會自然停止稱呼父母或其他一些長輩的名字。

面對孩子這樣的問題，成年人尤其是家長不要認為孩子對你有任何不敬重的意思，他只是不明白這些倫理知識而已，家長們可以就此機會耐心的和孩子來探討這個問題。

O 智慧作答

· 可以，但是爸爸媽媽畢竟是爸爸媽媽，你叫爸爸媽媽，我們會更高興。

為什麼要把大塊的西瓜給爺爺？

X 錯誤回答

· 不給大塊的，爺爺會生氣的。
· 下次一定給你更大的，好不好？

□問題分析

在未成年人的成長環境中，成年人其實是個相當關鍵的因素。如果家長們僅僅是把孝敬老人視為一種必須承擔的義務和責任的話，又怎能培養出孝敬的孩子呢？對孩子的培養，不能停留在說教和各種道理的灌輸上，而應該以身作則，為孩子起到榜樣作用。所以說，第一個回答方式是不適當的。

第二個看似安慰的回答，其實這體現出了家長自私的「愛」，「愛幼」是大人的本能，但是「尊老」也是家長必備的美德，如果大人總以比較的方式來對

待「尊老」和「愛幼」，那麼家長們怎能以一種正確的態度來教育孩子孝敬老人呢？

家長要告訴孩子孝敬老人的意義和緣由，這樣孩子才會欣然接受這樣的觀念，並且努力去做。家長還要以身作則，言傳身教，在潛移默化中培養孩子的愛心和孝心。

O 智慧作答

· 寶貝，因為爺爺為我們家操勞了一生，現在爺爺奶奶老了，身體不好了，需要許多的營養，所以應該把最好最大的西瓜給爺爺吃呀！走，現在我們去給爺爺送西瓜。

Q97 在我們家工作的王阿姨是傭人嗎？

X 錯誤回答

· 是的，她是爸爸媽媽花錢僱用來做家務的。

□問題分析

不用多說，上面的回答當然是明顯帶有某種蔑視態度的。面對孩子這樣的問題，當家長的一定要合理的應對，家長應該教育孩子：不同的工作有一定性質上的區分，但是沒有貴賤之分，從事各種不同的工作，只要是大家需要的，都是值得尊敬的。從小培養孩子正確的人生觀、價值觀等。

要明確告訴孩子王阿姨在自己家裡做家務是在工作，跟爸爸媽媽每天都要去上班一樣。鼓勵孩子幫助王阿姨做些力所能及的家務，不僅可以培養他們的工作能力，而且還能避免孩子帶著有色眼鏡去看待不同的工作，讓孩子平等的看待每一個人的工作，尊重每一個人。

O 智慧作答

· 不是，王阿姨是來我們家工作的，王阿姨的工作也很辛苦，你應該多幫幫她！

Q98 為什麼不能拿幼稚園裡的玩具回家？

X 錯誤回答

· 拿別人的東西，就是偷別人的東西，下次再敢拿，看我怎麼收拾你！
· 拿別人的東西，就是偷竊行為，就是在當小偷，警察會把你抓起來的。

□問題分析

針對第一個回答來說，對於孩子的「偷竊」，家長應該加以正確的引導，但必須注意一些恰當的方法，避免過激的行為，對孩子大發雷霆、大打出手都不可取，甚至會適得其反。正確的做法是要告訴孩子偷竊行為的危害，採取具體的措施幫助孩子改正這一錯誤。

第二個回答方式也欠缺考慮。正確的告訴孩子「偷竊」是一種不良行為，是一種不合法、犯罪的行為，促使他們能嚴格要求自己，不偷拿別人的東西。但沒必要恐嚇孩子，這樣的回答可能會引起孩子不必要的焦慮。

O 智慧作答

· 拿別人的東西不是好孩子，這是一種不道德的行為，如果你們班上的小朋友都像你一樣，把幼稚園裡自己喜歡的玩具拿回家，那你們還怎麼上遊戲課？這樣吧，既然你這麼喜歡這個玩具，媽媽明天去給你買一個，但你必須把玩具還回去，還要向老師道歉，並且保證下次絕不能再犯這樣的錯誤。

Q99 為什麼你不給乞丐錢？

X 錯誤回答

· 那些傢伙都是裝的，不能被他們騙了。

□問題分析

家長冷漠無情的行為，毫不區分的對所有需要幫助的人加以否定，不鼓勵孩子去同情別人，等於泯滅了孩子的善良之心，這樣的教育要不得，因為這樣發展下去會使孩子缺乏善心和愛心。

同時，家長要讓孩子明白，對於那些四肢健全的正常人裝扮成乞丐而取得眾人憐憫的欺騙行為，是不能縱容的；但對真正需要同情和幫助的人則應該慷慨解囊。另外，還要告訴孩子，沿街乞討或上門乞討的行為是不對的。

O 智慧作答

· 寶貝，你看，這裡有這麼多的乞丐，爸爸該給誰錢呢？前面那位盲人老爺爺最可憐，你把這些零錢送給他吧！

Q100 是不是老師說的所有話都要聽？

X 錯誤回答

· 這還用問，不聽老師的話怎麼學知識啊？

· 有道理的才聽，沒道理的就別聽！

□問題分析

針對第一個回答方式而言，家長應該避免這種盲從教育，要認真的區分界限，什麼是該聽的，什麼是不該聽的。面對這樣的問題，家長們一定要提高警惕，合理的引導，讓孩子區分可行和不可行的界限，提高他們自我保護的警覺性，學會自我保護，減少孩子遭遇侵害的危險。

而第二個回答方式呢，父母這樣回答，可能是因為考慮到了怕孩子受到老師侵害這方面。但是光是這樣回答，顯然不夠，孩子本身沒有一個合理的標準範圍，他（她）是不知道怎麼去做的。

O 智慧作答

· 孩子，對於老師說的話，我們應該想想哪些該聽，哪些不該聽，比如：老師讓你去打罵別的小朋友，你就不應該聽更不應該去做了。
另外，你的身體只有媽媽幫你洗澡或醫生檢查需要時才能碰，除此之外，被小內褲包在裡面的地方誰也不可以讓他碰，知道嗎？

Q 101

我幫你做家事了，是不是應該獎勵我？

X 錯誤回答

· 我養你養到這麼大容易嗎，你是不是也該給我錢啊？
· 好吧，但是只此一次下不為例。

□問題分析

針對第一個回答方式來說，家長應該借機對孩子進行家庭成員有義務分擔家庭工作的教育，而沒有必要跟孩子較勁。

第二個回答的錯誤在於，濫用賄賂的方式對待孩子，孩子會無休止的期盼獎賞，助長了孩子的拜金主義。

面對孩子這樣的要求，家長要跟孩子解釋清楚義務工作與有酬工作的不同性質。要培養孩子正確的工作態度，分清什麼工作是自己該做的，什麼工作是需要報酬的，搞清楚自己的責任和義務。

O 智慧作答

· 孩子，你真棒！可以幫助媽媽爸爸做家務了，讓我親你一下表示感謝吧！不過，因為幫助我們工作了就伸手要錢是不對的，因為每個家庭成員都要互相關心互相愛護，並且都有責任做些力所能及的家務事，這樣才能使我們家變得更整潔，難道你不想讓我們家變得更好更舒適嗎？

Q102

媽媽，爸爸犯錯了，我可以打他嗎？

X 錯誤回答

· 爸爸管兒子是天經地義的事情，兒子管爸爸是要造反了嗎？

□問題分析

家長在家庭中，往往在權力上處於強勢地位，起到支配作用，而孩子往往處於被支配的地位，屬於弱勢一方。但是在孩子的眼裡，他們對家長的權威，在他們心裡沒有界限概念，因此對於生活中的不平等現象會提出如此疑問。

體罰教育永遠是最愚昧的教育方式。雖然爸爸犯了錯誤不能像孩子那樣受到大人的教育，但是爸爸也應該道歉才對，教育權和被教育權是分別賦予家庭中父母與子女雙方的權利，也是互存互依的兩種權利。家長應該把這一關係正確的告訴孩子，防止因為言行過激的體罰教育讓孩子產生怨恨心理，甚至產生心理偏差。

O 智慧作答

· 當然不能打，打人是不對的，我會告訴爸爸這一點，讓他改正錯誤，以後不再打你。爸爸現在犯錯誤了，我們應該找到更好的辦法來讓他記住這個教訓，不再犯錯誤，讓我們一起想想看，怎麼幫助爸爸改正錯誤？

Q 103

我能請很多小朋友來家裡做客嗎？

X 錯誤回答

· 不行，那麼多小朋友，家裡會弄得太亂了。

□問題分析

對孩子來說，朋友是童年最美好的回憶，跟別人建立友誼對於人的一生來說有著重要的意義，爸爸媽媽十分有必要為孩子創造與其他孩子玩耍的機會，這對促進孩子之間的友誼很有好處，並且還可以在孩子們的交流中給予適當的指點和幫助，讓他們找到真正的友誼。如果對孩子合理的要求置之不理，會讓孩子失去歸屬感和自豪感。

支持孩子的想法，是一個好家長具備的最佳教育方式。生活在這樣家庭中的孩子是幸運的。給孩子適當的指點和幫助吧！可以讓孩子當一天家，讓他擁有充分的自主權和私密空間，讓他和他的朋友們盡情的玩耍，這不僅會大大促進孩子之間的友誼，相信透過這次活動之後，你還會有更驚喜的發現，那就是孩子變得更懂事了。

O 智慧作答

· 可以，不過我們得商量一下怎樣做才能使你的邀請會更加完美。

Q 104

我們身體裡的「鐵」生鏽了怎麼辦？

X 錯誤回答

‧要是生鏽了，那人就活不了啦！

□問題分析

家長在潛意識中也知道人體內的鐵是不可能生鏽的，但是，可能不知道人體內的鐵不生鏽的科學原理，所以會這樣告訴孩子。這種答案不好，這有可能造成孩子的恐慌，擔心自己身體內的鐵生鏽。如果家長不知道就老實告訴孩子你不知道就行了，然後鼓勵他從其他途徑尋找正確答案，如書上、網路上、向別人請教等。

O 智慧作答

‧人體內的「鐵」是一種微量元素。不是我們平常用到的鐵，所以它是不會在人體內生鏽的。這種鐵元素對人的身體很有益，所以你一要多吃些含鐵的食物，比如豬肝、黑木耳等。

Q 105

我今天就是不想吃飯，可以不吃嗎？

X 錯誤回答

‧你這也不吃。那也不吃，到底要吃什麼呀？

‧我做得這麼辛苦，你都不肯吃，真麻煩！

□問題分析

所有的父母都不希望自己的孩子偏食、不愛吃飯，都希望孩子能喜歡所有的食物。但是任何人都有不愛吃甚至不吃的東西，父母可能也有，更何況是孩子。即使是很小的孩子，他們也有自己的興趣和嗜好。但如果孩子在長身體的階段，經常偏食、挑食，營養不能滿足身體的需要，很容易出現營養不良，影響孩子的正常生長和發育。

但可是，如果想改變孩子的興趣和嗜好，那就等於改變孩子原本的直覺，也就等於改變孩子本身形成的價值觀。這可不是一件輕而易舉的事。

經常做出第一種方式回答的家長，要思考一個問題 —— 孩子什麼也不想吃嗎？不是的。他也喜歡吃很多好吃的東西，只是可能因為飯菜不合口味，或者吃了其他零食把肚子填飽了，也可能是因為對某些蔬菜的特殊氣味不太適應。這時候家長最好能夠換一下烹調方式或者讓孩子盡量少吃零食，不要一味的責怪批評孩子，吃不下東西他們也很可憐的。

而第二個回答呢，我們也要反思一下自己。為了讓孩子吃得好，您也一定付出了很多辛苦，但是，不要勉強孩子吃你「辛苦」煮的東西，勉強孩子吃下去，孩子也會很辛苦！你希望孩子體諒你的辛苦，孩子也很為難。他（她）怕會激怒媽媽，只好強迫自己吃下去，這會令孩子感到有很大壓力。就算他（她）真的吃了，也只是出於無奈，他（她）不會因此而接受原來不喜愛的食物。

O 智慧作答

· 你可以稍微嚐一點點呀，因為今天午飯的味道與昨天大不相同哦！媽媽看你能不能吃出有什麼不同。

· 你知道小雞吃什麼嗎？牠們除了吃米粒外，還吃青草、蔬菜。你知道為什麼嗎？因為小雞光吃米粒，長不壯，吃了青菜後，牠們的身體才長得又快又好。

Q 106

零食那麼好吃，你為什麼不多買一點？

X 錯誤回答

· 吃零食肚子裡會長大蟲子！

· 你怎麼這麼饞呀！

□問題分析

孩子的胃容量比較小，一次的進食量又有限，餓得比較快，適當的吃些零食也未嘗不可，可以補充一些營養和熱量。另外，零食還能調劑食物的口味，吃零食時的那種悠閒心態也是正餐時所沒有的。因此，零食對孩子來說，並不全是壞處。

但是，應該注意的是，零食中所含的糖及能量明顯高於正餐中糖的含量及能量，但營養素卻不全面。經常吃零食容易讓孩子造成多種健康問題，父母應該給予糾正。

第一個回答也不能算欺騙孩子，但畢竟與事實有出入，這樣的教育方式並不能說服孩子，但當孩子發現事實的真相後，就會失去對父母的信任。

第二個回答會讓孩子的思想產生誤解。好吃是孩子的天性，他（她）可能無法控制自己要吃的欲望，所以別這樣責罵孩子，否則只會傷害到他的自尊心，同時使孩子越發糊塗，產生「愛吃零食就是饞」這樣的誤解。

父母在平時要掌握好給孩子吃零食的時間，一般可以安排在正餐飯後或兩頓正餐之間，而且還要掌握好給零食的量，即使在兩餐中間，零食的量也要少，否則同樣會影響正餐的。

O 智慧作答

· 零食吃多了，你的牙齒就會壞掉，不僅難看而且還不能很好的吃飯了，

另外，你的身體也會長得胖胖的，你一定不希望那個樣子吧！

Q107
我為什麼不能抱著娃娃一起出去玩？

X 錯誤回答

· 這麼大的孩子了，還老抱著娃娃，你就不知道害羞嗎？
· 不准再玩玩具了，不然我扔掉它。

□問題分析

愛玩是兒童的天性，玩具則是兒童最好的夥伴。根據統計，6 歲以前的孩子，有一半的時間是與玩具一起度過的。玩具給孩子的影響是巨大的，可以說，玩具是孩子成長中的第一任老師，它能激發孩子的想像力，啟迪孩子的創造力，因此，第一種回答是對孩子的一種譏諷，會給孩子幼小的心靈造成傷害。

那麼，第二個回答的不妥在哪裡呢？也許你曾經讀過《我們是怎樣發明飛機的》一書中萊特兄弟發明飛機的故事：「我們對飛機最早發生興趣是從兒童時代開始的。一天，父親給我們帶回一個玩具，用橡皮筋做動力，使它飛入天空，我們就照著這個玩具仿製了幾個，都能成功的飛起來⋯⋯」這個能飛的玩具激發了萊特兄弟的想像力，使他們造出了飛機，讓人類走出了地球，讓人們初步實現了遨遊天空的理想。所以，不要抹殺了孩子的想像力喔！說不定你的孩子就是個未來的發明家呢！

需要特別提醒家長的是，孩子常摟著娃娃不放，很多是因為孩子與父母溝通太少、親熱不夠所致的「戀物癖」。為了防止孩子出現這樣的傾向，建議父母增加與子女相處的時間，多用親情和孩子溝通，一般不提倡過早的給孩子安排獨立的「單人房」。

O 智慧作答

· 娃娃也要休息，因為你整天和它在一起玩耍，它太累了，等它睡醒了再和你玩吧。

· 讓爸爸媽媽也和你的娃娃玩一會兒吧！我們也很喜歡它。

Q 108

媽媽，我的衣服（髒衣服）好看嗎？

X 錯誤回答

· 你怎麼又弄得髒兮兮的，我真是拿你沒轍了！

· 你真是我見過的最邋遢的孩子。

□問題分析

孩子總是把衣服弄髒，這讓你很頭痛，因為你需要不斷的給他換乾淨的衣服，不斷的洗他的髒衣服。事實上，孩子也不想這樣，他只是還無法控制自己的行為，還需要你的教育與引導。

第一個回答，孩子會覺得你們很討厭他，不能幫助他改掉壞毛病。孩子自己也會覺得自己真的很沒用，總是把衣服弄髒，惹父母生氣，久而久之，他就會感到自卑，影響孩子心理的正常發育。

第二個回答，更會傷害到孩子的自尊心，讓孩子離你越來越遠，而且時間一長，孩子就會逐漸認同家長的這種看法，覺得自己真的是個邋遢和沒用的孩子，甚至還會產生「破罐子破摔」的想法。

O 智慧作答

· 現在看來，你的衣服很特別哦，不過，我們都認為沒有你的衣服乾淨時候好看，你自己好好想一想，是不是這個樣子呢？

Q109 我已經是大孩子了，那為什麼還一直管我呢？

X 錯誤回答

· 不准頂嘴，再頂嘴的話，看我怎麼收拾你！

· 你怎麼這麼沒大沒小的？

□問題分析

第一個回答，這種恐嚇的態度也許會起作用，讓孩子不再與你頂嘴。但同時，它也會起反作用。經常用這種粗魯生硬的語氣責罵孩子，只會讓孩子覺得父母在濫用權威，反而會更加重他們的叛逆心理。

第二個回答，父母只注意到了自己的面子和尊嚴，但孩子的感受同樣不容忽視！況且，光是責備孩子，向孩子發脾氣，也不見得能夠教會孩子懂得尊重的道理。相反的，還可能會惹孩子反感，破壞了父母在孩子心目中的好形象。所以父母應謹記凡事以身作則，尊重孩子的感受，從而讓他明白尊重他人的道理。

在日常生活中，孩子頂嘴是在嘗試從電視裡或隔壁大孩子那裡所學到的東西，他們在頂嘴的時候，往往自己意識不到這種行為是錯誤的，但父母必須意識到：你可以允許孩子對某些問題持反駁的態度，讓孩子與父母一起就某一個問題進行討論，因為這樣可以培養他們的主見，但無理取鬧式的頂嘴只會助長孩子養成不尊重他人的壞毛病。這不論對父母，還是對孩子來說，都是一件不利的事情，必須制止，沒有商量的餘地。

O 智慧作答

· 如果你的孩子平時都比較有禮貌，那麼簡單而直接的對他說：你這樣說話是在頂嘴哦，不可以這樣的。

· 如果你的孩子不太聽話，你可以跟孩子說：我知道你的想法也對，但你的態度讓我很難受，要是你能換一種態度我會更高興。
· 或你平時不是這樣跟爸爸說話的，今天是不是學校什麼事情讓你不開心呀？也許我能幫你。

Q 110
過馬路遇見紅燈，但是前面沒有車輛，我可以穿過去嗎？

X 錯誤回答

· 你說呢？老師是怎麼教你的？
· 闖紅燈會被撞死的！

□問題分析

父母才是孩子的啟蒙老師，不要把任何責任都推到老師身上，更何況有些話即使老師教給了孩子，孩子也不一定全部遵守，想想你自己不也很清楚不能闖紅燈嗎？那為什麼偶爾還闖呢？所以，你也是孩子前行的主要領路人，不要光顧著責備孩子，做好榜樣才是最重要的！
第二個回答太過殘忍。在孩子心中，世界的一切都還是美好的、純淨的，不存在這些血腥和可怕的情形。如果你這樣告訴孩子，無疑把孩子帶入了一個非常可怕的世界，這會給孩子幼小、純淨的心靈帶來陰影。

O 智慧作答

· 紅燈停，綠燈行。這是時刻不能忘記的，即使紅燈時沒有車輛通過，我們也要遵守交通法則，因為每個人的僥倖心理都是一點一滴形成的，時間久了，就會給自己帶來思想上的疏忽，認為那些危險事故都是和自己沒關係的，因此，我們一定要遵守交通規則，即使過馬路遇見紅燈但沒有車時，也要停下腳步，等綠燈亮時再走。

Q111
這首歌眞好聽，我可以放大聲一點嗎？

X 錯誤回答

· 少囉嗦，限你在一分鐘之內把音樂關掉！
· 再這麼大聲，我就把它砸爛！

□問題分析

孩子都有很強的反叛心理，對強制性的命令很抗拒，一聽到爸爸媽媽這樣說就已經煩透了。即使父母說得有理，孩子也不想聽。因此，第一種回答方式不妥。
第二個回答雖然是最直接、最自然的反應，但這只是父母單方面發洩自己情緒的話！父母此刻反而像個小孩子，不懂得如何處理情緒了。而且這句話是沒有實際作用的，因為孩子不會明白為何不可以那麼大聲。他可能會想：「哦，看來父母每次都要喊一遍了！」當他習慣了父母的叫喊後，也就不把你的反應當成一回事了。
要真正的讓孩子意識到你並不是在反對他聽音樂，而是過大的音樂聲已經打擾了別人，這是不禮貌的行為。
另外，你的表率作用也很重要。平時電視聲音太吵了，就關小點：大人聽的音樂吵到小孩子了，當然更要關小聲點；家裡任何人放的音樂聲太大聲，吵到鄰居，也要關小點。告訴孩子：不必關掉，只是關小聲點。這是個合理的要求，孩子會答應的。

O 智慧作答

· 你是想在客廳聽音樂嗎？我沒有什麼意見，但如果不影響到其他人我覺得更好，你認為呢？

Q112

玩具是我的，為什麼要讓給別的小朋友玩？

X 錯誤回答

- 你怎麼這麼自私呀！
- 不如大家交換一下吧！

□問題分析

有些父母面對這樣的問題時，往往會說出這樣的話，然後再搶走孩子的物品，交到想玩的孩子手上，其實這樣只會弄巧成拙。千萬不要強迫孩子與人分享，除非孩子是自願的，否則會令孩子害怕與人接觸，甚至變得更加以自我為中心。而且孩子年齡還小，分享的概念是要經過長時間的教導和實際經驗才可以理解的，他根本還不理解什麼是自私。如果你只是這樣對孩子說，孩子會想：「難道想保護自己的東西也算是自私嗎？」這就是第一個回答所帶來的問題所在。

第二個回答看起來似乎比較合理，也算是教導孩子分享東西的方法之一。但是，萬一孩子對對方手上的東西不感興趣，根本不想交換呢？那這個方法也不一定有效。而且，如果你經常使用此方法，也容易使孩子養成以交換作為與別人分享條件的習慣，而不是全心全意的付出。這對孩子性格的發展會產生深遠的影響。

O 智慧作答

- 寶寶，假如你手裡有個玩具，那個小朋友手裡也有個玩具，你不妨看看他（她）的玩具好不好玩，也讓那個小朋友看看你的玩具好不好玩，如果好玩，大家就交換玩一會兒，玩一會兒就再交換回來，這樣大家一定都很開心。

Q113 我不想去奶奶家，你們能帶我去公園玩嗎？

X 錯誤回答

- 你怎麼一點也不懂事，奶奶那麼疼你。如果你不去，奶奶一定會罵你沒良心的。
- 不行，你必須去，不聽話的話我打你。

□問題分析

第一個回答的弊端在於，它會破壞奶奶在孩子心目中的形象，也許以後孩子就會對奶奶產生恐懼，怕去了也要被罵，更加不願意去了。而更讓孩子覺得不懂的是，為什麼不探訪奶奶就是不懂事，而且還要挨罵。

而第二個回答反而讓孩子產生更加嚴重的叛逆心理。而且孩子不去可能真有他的原因，如果你一味的用這樣粗暴的態度對待他，他只會覺得你不尊重他，不理解他。同時，孩子可能還會對親戚產生討厭的心理：「都是因為要去看你們，我才挨打的！」這樣他會更加不喜歡去看望親戚。

父母常常會遇到孩子不願意去親戚家的情況，當準備帶孩子去父母或其他親戚家時，孩子往往會搬出一大堆理由，或者根本沒有理由，就是不肯去。這時候父母往往認為孩子只是在鬧情緒，過一會兒就好了，或者乾脆硬拉著孩子過去。

實際上，你的這些想法和做法都是不正確的，孩子不肯去親戚家一定有他的理由，你應該引導孩子說出原因，等你了解了這些原因後，再對症下藥，找出應對的方法。如果你不問理由強硬的把他拉到親戚家裡，孩子也是一臉的不愉快，這不是破壞團聚的氣氛嗎？

你應該明白，孩子雖然小，但他有自己的思想，也需要父母尊重，所以你不應該隨便擺布孩子，你想去哪，讓孩子也必須跟你去哪。遇到這種情況，先

別急著生氣，不如趁機跟孩子溝通一下，聽聽孩子的想法，孩子能夠勇敢的提出自己的意見，你應該感到更高興才對。

O 智慧作答

- 能跟爸爸媽媽說說你為什麼不願意去看奶奶嗎？難道奶奶家有怪物不成？
- 爺爺奶奶是爸爸的父母，抽時間探望兩位老人家他們會很高興的，就像你天天都想見到媽媽一樣呀！

Q114

我不（還）想在阿姨家玩了，我們（不）回家好嗎？

X 錯誤回答

- 看我回家怎麼懲罰你！
- 你要是再不聽話就留在阿姨家吧！

□問題分析

第一個回答方式，是家長可能為避免朋友和自己尷尬，才會將處罰的時間押後。但實際上，即時的制止才最有效用。也許回家後你的怒氣已經平息了，但為了要履行「回家罰你！」的承諾，便隨隨便便說兩句話，責罵一下孩子，以完成指定任務，忽略了本來應該認認真真、嚴嚴肅肅的跟孩子談的事。對小孩子來說，他也可能想不起自己的過錯了，這樣即使責罰也起不了任何效用。

第二個回答方式會令孩子越來越害怕，阿姨的家忽然變成懲罰之地，孩子下次還會乖乖跟著來嗎？而且，你也忽視了孩子的感受，探訪別人變成了孩子的苦差。以後父母提起要去哪裡拜訪，孩子都不敢去了。

究竟是什麼原因使得你的孩子如此不聽話呢？其實小孩子的心理比較複雜，有時候可能連大人都領會不到，所以你應該先理解孩子的心理，然後再採取措施。

比如當孩子正與朋友家的孩子玩在興頭上，或被朋友家的某樣玩具所吸引時，這時候你要帶他走，他就會表現得戀戀不捨；或者到了朋友家，你難免要與朋友交談一番，這樣就可能把孩子冷落到了一邊，使他感到孤獨、寂寞，此時，他也會覺得不愉快，哭鬧著要回家。還有的時候也可能是因為孩子身體不舒服，或性格內向、害羞等，都會因此不願意待在朋友家裡而哭鬧。

如果出現了以上類似的情況，你要巧妙的處理，切記不要大聲呵斥孩子。

O 智慧作答

- 如果孩子正玩在興頭上，可以這樣對孩子說：再玩一會兒，我們就準備回家了。
- 小鴨子玩累了，要睡覺了，寶貝也該回家休息了。
- 如果孩子不肯在朋友家裡逗留，可以認真的告訴孩子：你答應我不這樣做的，對嗎？難道你不記得了嗎？

Q115

爸爸，我長大想當黑社會老大，可以嗎？

X 錯誤回答

- 真沒出息，你知道你在胡說什麼嗎？
- 你看鄰居家的洋洋，人家長大了要做飛行員，比你強多了。

□問題分析

第一個回答方式沒有認清一個問題——孩子本身對自己的選擇沒有是非之分。家長這樣批評孩子是不對的，即使你真的覺得孩子的理想沒出息或不合實際，那也不要這樣盲目的責怪孩子，而應該幫他認識到他的「理想」是不合實際的。如果你只是這樣責備孩子，孩子只會更加茫然。

第二個回答是家長信手拈來的、最常用的一種方法。家長可能以為這樣就可以激勵孩子樹立崇高的理想，可是孩子常常不買帳，把家長的話當耳邊風，依然我行我素，而且還可能感到自己無能、不足和失敗，從而傷害他的自尊心和自信心。

什麼是理想呢？理想就是人生的奮鬥目標，是對未來生活的追求，是對未來社會的嚮往。孩子是最富於理想、最有雄心壯志的了，身為父母，你要愛護孩子那天真、純潔的嚮往未來美好的理想，並促使子女為了理想而努力奮鬥。

每一個父母都希望自己的兒女成為出類拔萃的有崇高理想的人，但有時候孩子的理想過於偏離實際，身為父母，你不要急著批評孩子，要找出孩子產生這種理想的原因。

孩提時代是播種理想的最佳時期，他們充滿著對未來的美好憧憬和嚮往，這種理想將推動他們奮鬥不息。所以父母一定要正確引導孩子，發現孩子的優點和天賦，幫孩子立下志向，刻苦成才，並經常與孩子交談有關理想的話題，不要吝嗇對孩子的表揚，這樣不僅會使孩子覺得你很欣賞他、重視他，而且幫助孩子樹立正確的理想。

需要你注意的一點是：在對孩子進行理想教育時，要注意孩子的年齡特點，根據不同的年齡用不同的語言給孩子講一些生動的故事或英雄事蹟。隨著孩子年齡的增長，父母可以從哲理的高度和孩子探討人生，談論理想，從而教育孩子理解和選擇正確的人生方向，使孩子逐漸明白有理想才能有真正的生活。

O 智慧作答

· 我覺得你的語言表達能力很出色哦，如果你喜歡，不妨在這演講、辯論方面多努力努力！

· 我覺得你平常和小朋友們一起玩的時候，比較有組織能力，你可以往管理者、領導者方面努力哦！

Q116 爸爸媽媽，你們還能再給我 100 元嗎？

X 錯誤回答

· 你一個小孩子，要那麼多錢有什麼用？

□問題分析

幾乎所有家長都希望自己的孩子懂得金錢的價值，知道它來之不易，了解該如何賺錢、存錢以及明智花錢的道理。但你卻發現孩子對金錢的價值沒有概念，花完錢就伸手要，不給就不高興，真拿他們沒辦法。

在孩子伸手要錢時，你最好理智一點，引導孩子說出他是如何花掉零用錢的，也許是買玩具，也許是買零食。而如果這些東西是他真正需要的，你不妨給他錢，並告訴他如何花；但若是孩子並不缺少這些東西，你最好考慮一下是不是應該拒絕他。

對於孩子的零用錢問題，你最好能夠培養孩子正確的金錢觀念，平時可以與孩子一起把他的零用錢儲蓄起來，或者在特定的場合給予孩子一些補助，比如幫忙做家務等。

也許你的孩子是因為看到了別人家孩子玩的玩具汽車而感到好玩，才向你要那麼多錢。但是嚴厲的呵斥是絕對不可以的，因為嚴厲的批評很容易傷害到

孩子的自尊心，而且對於內向一點的孩子來說，他以後有可能會怯於和你說話或溝通。到那時，再想挽回也為時已晚了。

O 智慧作答

· 你的零用錢又花完了對嗎？告訴爸爸媽媽，你準備用這些錢來做什麼？

Q117 我喜歡我自己挑的這條褲子，可以買嗎？

X 錯誤回答

· 算了吧，那件褲子一點都不適合你！
· 恩，真不錯，但是太貴了，誰買得起啊？

□問題分析

當你準備按父母的眼光給孩子挑選衣服的時候，他總是不樂意，或者乾脆試都不試。這不僅是讓你生氣了，在商場裡還會有點尷尬。

孩子在一天天的長大，也開始有自己的主見，他的審美觀點也在不斷的變化，變得與父母不再完全相同，也就是說，他已經對你給他（她）選的衣服產生「懷疑」了，於是千方百計的想要按自己的愛好和喜歡挑選。但你是否試過讓你的孩子自己挑選衣服呢？雖然結果往往總是令人啼笑皆非。小孩子都是這樣，愛把自己喜歡的衣服全部穿在身上，各種令人意想不到的搭配，讓爸爸媽媽們哭笑不得。

第一個回答的問題在於，對於小孩子來說，他們挑選衣服完全是根據自己的喜好，根本就不懂得衣服搭配之道，難看是正常的。不過，你最好不要這樣直接點出孩子的弱點，這會令他感到非常難堪。如果他一開始就遇到挫折，

自信心一定會受到打擊，可能以後長大了也對自己挑選衣服的眼光不信任，你總不能幫他選一輩子衣服吧？

再者，這樣的話也有點激烈，你要考慮一下自己的言行是否會傷害到孩子幼小的心靈。因為孩子是不會明白父母說的「難看，到底是哪裡難看？」、「我就覺得這樣穿好看，為什麼爸爸媽媽會說難看呢？」別如此粗魯的否定孩子的眼光！

第二個回答肯定是不會受到孩子歡迎的，孩子在挑選衣服的時候，是不會在乎價錢是否超出你們的承受範圍的，他只是喜歡而已。如果你這樣對孩子說，他可能會覺得很委屈，「如果我有錢一定買下來！」這也給孩子傳輸了一個錯誤的金錢觀念。如果真的是因為價錢太貴了，你也不妨換一種不太明確的說法：「這件衣服的價錢有點貴哦！」孩子是能夠體會你的心情的。

O 智慧作答

· 寶貝，你的眼光真是獨特，但是建議你先換上我們給你選的這個款式，看看效果如何，有興趣嗎？

Q118

我是在花我的零用錢，你為什麼要管我呢？

X 錯誤回答

· 零用錢不是讓你用來買那些沒用的東西的！

□問題分析

父母當然都希望孩子的零用錢用途得當，所以發現孩子買了沒用的物品總會這樣責備孩子。實際上，明智的父母是不應該這樣批評孩子的，孩子購買物品是以自己的意志來決定，你只需要給他一些正確的引導就可以了。如果你

隨便以自己的觀點將它否定，孩子心裡會產生「以後買東西是不是要按爸爸媽媽的指示去買呢？」的想法，這會使孩子失去獨立性。

你可以與孩子協商一下，讓他把壓歲錢和一部分零用錢存起來，利用假期去旅遊，增加知識，開闊眼界；或者在給孩子購買大件物品（如電腦）時，讓孩子自己承擔一部分費用，體現他自己的「主人翁」地位。

另外，父母還可以引導孩子把部分零用錢捐獻給希望工程，資助公益事業，培養孩子的愛心，幫助更多的貧困孩子接受教育。

O 智慧作答

· 有沒有興趣自己記帳呀？你可以試試哦！

· 你和爸爸媽媽都把零用錢存起來，一起捐給那些沒有零食吃，沒有故事書看的小朋友，好不好啊？

Q119

媽媽，我用手指摸這裡很舒服，妳為什麼生氣呢？

X 錯誤回答

· 不要老是摸那裡，多讓人感到害羞啊！

□問題分析

一些父母發現孩子經常玩自己的性器官，馬上對孩子進行類似的怒罵和恐嚇，或者強行拉開，甚至打一頓。其實這會給孩子造成一種錯誤的觀念：生殖器官是骯髒的、見不得人的、摸不得的。因而凡是與生殖器有關的活動都要抑制，否則就要受到懲罰。久而久之，孩子就會形成一種「性壓抑」的不正常心理。

其實你大可不必反應如此強烈，最好的方法就是多讓孩子到戶外活動，還可以用玩具與講故事的方法將孩子的注意力引開，當孩子整個身心被趣味盎然的遊戲迷住時，他自然而然就會淡忘那個習慣的。

孩子對性器官的注意往往是自然產生的，他們的視覺還不夠完善，因此在探索周圍世界時，需要大量依靠觸覺器官。因此，他們常常會摸自己的眼睛、耳朵、鼻子……自然，也會摸到自己的生殖器官，小女孩摸陰蒂，小男孩玩「小雞雞」，因為這些部位有豐富的神經末梢，會產生愉快的感覺和體驗。

孩子學會玩弄生殖器官，這是他們所知道的不多的愉快活動之一，純粹限於感官刺激，不涉及道德，所以如果你發現孩子出現這種情況，不要訓斥他，不要覺得這是羞恥的行為，這只是孩子生理發展中的一種表現。父母如果對孩子的性活動現象匆匆做出不正確的評估，或把孩子這種無意識的探索視為大逆不道的邪念。孩子也會對自己的行為感到困惑、羞恥、緊張、愧疚，會覺得生殖器官很髒，見不得人，不能碰。

事實上，對孩子來說，摸生殖器就像摸眼睛、吮吸手指一樣，是求知慾的表現，也是獲得滿足的一種方式。當孩子缺少愛撫、溫暖與安全感的時候，這種行為就更加容易出現。做父母的，一方面要心平氣和的告訴孩子，性器官和眼睛、鼻子、小手一樣，都是自己身體不可缺少的組成部分，要愛護它。與此同時，你也可以用講故事、玩玩具、玩遊戲等方式，轉移孩子的注意力。另一方面，父母還要特別注意孩子的情感需要，並盡可能的給予孩子情感的滿足。

智慧作答

- 寶貝，不要總摸它哦，因為我們的手上有細菌，這樣會弄髒它的！
- 快來，我們把小手洗乾淨，來做個遊戲吧！

Q120

爸爸，我好痛，你能扶我起來嗎？

X 錯誤回答

· 很痛吧？爸爸抱你！

· 你怎麼那麼不小心，快點給我站起來！

□問題分析

第一個回答是對孩子過度保護的表現，這樣只會增加孩子對父母的依賴性，從而造成孩子自立能力差，遇到困難不能自己解決的習慣。

第二個回答可能會使孩子弱小的心靈和自尊受到傷害，誤以為人與人之間的關係原來就是這樣的冷酷無情。在別人需要得到幫助時，孩子也可能會漠然視之，袖手旁觀。

假如孩子年齡小、身體弱或摔得重，父母應該伸手相扶，使孩子能感受到父母對他的支持和溫暖。這樣，以後在別人遇到困難時，孩子也會出手相助，富有同情心。而且父母在孩子受到挫折、遇到困難時主動提供幫助和保護，不僅使孩子獲得必要的關愛，還會讓孩子有一種安全感。

O 智慧作答

· 沒關係，爸爸相信你自己能爬起來！

Q121

媽媽為什麼不喜歡我拆玩具呢？

X 錯誤回答

· 敗家子，你這是在做什麼啊！這麼好的玩具為什麼要拆了它？

· 你下次再拆玩具，看我怎麼收拾你！

□問題分析

拆玩具的現象一般在 5、6 歲的男孩子中較常見。在一般情況下，孩子的拆玩具行為是一種探究性活動。這種活動即使在動物裡也是經常發生的，例如把一種陌生的物品放在一隻狗面前，牠會圍著這個物品繞來繞去，嗅嗅碰碰。幼兒的探究活動當然比動物高級多了，他們往往對玩具會動、會響感到好奇，於是就想把它拆開看看。

第一個回答之所以如此，也許是當父母的第一次看見孩子拆玩具。此時千萬不要呵斥、批評，而應該問清原因，盡量滿足孩子的求知慾。同時還應該把孩子的好奇心巧妙的引導到生活中其他很多有趣的現象上來。例如，有些玩具為什麼會發聲，水槍為什麼能噴出水，積木怎麼會浮在水面上等等這些現象，這樣會引起孩子更大的興趣。孩子也許不懂其中的原理，但最起碼在孩子幼小的心靈裡卻早早的印下了許多個「為什麼」，等待以後在生活實踐中去尋找答案。

更重要的是父母必須明確的告訴孩子，不是所有的玩具都可以拆開，有些玩具一旦拆開就再也回不到原樣了，因此，如果想拆玩具，應先了解玩具，而不是用「這麼好的玩具拆壞了，多可惜呀」這樣的話來訓斥孩子。為了滿足孩子的求知欲和好奇心，你可以為他們專門準備一些組合式、拼裝式的玩具，供他們拆裝。

第二個回答方式過於粗暴，會使孩子產生「不被尊重，不被信任，不被理解」的心理，進而委屈沮喪，導致對父母的報復：故意拆給你看，看你能把我怎麼樣！

另外，需要注意的是，對於一些有危險性的玩具或物品，盡量別讓孩子隨便接觸，可以教給孩子一些必要的知識，對於一些結構性能比較複雜，容易損

毀的玩具，父母一定要親自動手給孩子拆裝，讓孩子看清楚拆裝的步驟，或者乾脆告訴孩子，這些東西不能隨便亂拆，否則就會弄壞。孩子明白了道理，又滿足了好奇心，就不會隨意亂拆玩具和物品了。

O 智慧作答

· 寶貝，你真棒，把玩具都能拆開，我和寶寶一起拆拆看，好嗎？

Q122 你們看，我畫得漂亮嗎？

X 錯誤回答

· 不許你到處亂畫，記住了嗎？
· 你瞎畫什麼呢，難看死了！

□問題分析

塗鴉確實能表現出孩子的創造力，因為，這個時期的孩子，表達能力受到限制，所以能借著畫筆，揮灑出自己心中的想法，這本身就是件愉快的事。
孩子大多喜歡信筆塗鴉，只要自己高興，紙上、地上、沙發上、牆壁上，便會成為他們即興「創作」的畫布。所以，第一個回答中，父母以「不許你再亂畫！」這樣的話上前制止，他們幼小的心靈會受到傷害，膽子小一點的孩子可能從此擱筆；膽子大一點的，可能不僅充耳不聞，而且還越畫越來起勁。但無論如何，都不能從根本上解決問題，並且會影響孩子創造力的發展。
孩子的作品雖然很不完美，但他（她）也費了一番苦心，第二個回答方式就打擊了孩子作畫的積極性，也許孩子以後就再沒有作畫的興趣了，這樣的結果有哪位家長願意看到呢？

孩子在牆上、地板上亂塗亂畫當然是不好的行為，父母應為孩子創造條件讓他畫，比如在家裡放一個小黑板，買一些美術紙、彩色筆之類的東西。

O 智慧作答

· 哎呀，你畫的這個人是誰啊？她很漂亮啊！但如果你能把她畫在畫紙上，以後我們就能隨時看見她了，好不好啊？

Q123 如果小鳥長了鴨子的爪子，是不是既能飛又能游泳啊？

X 錯誤回答

· 你瞎想什麼呢，你聽說過這樣的故事嗎？

□問題分析

孩子缺乏想像力與家庭教育有很大的關係。愛因斯坦說 :「想像力比知識更重要，因為知識是有限的，而想像力概括著世界上的一切，推動著進步，並且是知識進化的泉源。」因此，想像力對孩子日後的發展非常重要，父母可要加強對孩子這方面的培養啊！

因此，無論孩子想像多麼幼稚、可笑，家長也必須用心傾聽。比如孩子在講故事時，說小鳥長了鴨爪，父母不該馬上指出錯誤，而應該鼓勵孩子的大膽想像，如果父母常把孩子的幻想或頗具獨創性的想法，看作是根本不可能發生的事而加以批評，而強迫孩子接受自己的判斷，那麼，就會不知不覺的破壞孩子的個性、想像力和創造性。

O 智慧作答

· 你真有想像力，如果小鳥長了鴨爪，哈哈，那這隻小鳥一定是超級棒的小鳥！

Q124

電熨斗真有趣，我可以摸摸嗎？

X 錯誤回答

· 你這孩子，這麼淘氣，再亂動小心我打你！

□問題分析

對於孩子的「淘氣」，成人不能理解，一般都會以為他（她）是在跟大人作對或者是不懂事的表現，於是嚴厲斥責，或是置之不理。殊不知，孩子正是透過他的淘氣行為在探索、檢驗自己的一些異想天開的想法呢！這些想法和行為就是孩子好奇心的表現。而父母以「你這孩子，這麼淘氣，再亂動小心我打你」這樣粗暴的話干涉孩子，會在很大程度上傷害孩子，長此以往，有可能使孩子失去探索周圍事物的興趣，變得麻木不仁，沒有強烈的求知欲望。這樣的結果是為人父母者和為人師表者都不願意看到的，也是違背我們教育孩子的初衷的。

對於初涉人世的孩子來說，身邊的世界是那麼陌生、新鮮和神祕，在他的心靈中充滿了探索、求知的欲望，這寶貴的好奇心正是他智慧的火花，更是促使他學習的原動力。研究證明，一個富有好奇心的人能夠保持旺盛的求知欲，在獲得知識的過程中體驗樂趣，這種樂趣又會激勵他不知疲倦的去探究未知的領域，促進其智力的發展。

因此，孩子有這種行為很正常，因為幼兒期的孩子好奇心特別強，越是不讓他碰的東西他越要碰。好奇是孩子的天性。他們來到這個世界上，急於學習、了解他們所不知道的事物。所以，身為父母的你應該鼓勵並滿足他們的好奇心。

O 智慧作答

· 孩子，我知道你對這些東西感到好奇，這很好，不過有些東西是不可以動的，媽媽來告訴你原因！

媽媽，我可以自己在家玩嗎？

X 錯誤回答

· 你去找小朋友玩吧，別害羞，媽媽在後面跟著你。

□問題分析

愛玩是孩子的天性，所有的孩子都喜歡和小朋友玩，但有些孩子比較膽怯，不敢去玩。在現代社會中，獨生子女家庭逐漸增多，這些孩子是父母的心肝寶貝，他們哪捨得讓孩子一個人出去玩呢？因此，造成了這種局面，真是可悲呀！對於這些孩子，家長應鼓勵孩子多到外面玩玩，和小朋友們多多接觸。

像上面回答及做法，那不是在給孩子當「跟屁蟲」嗎？父母跟在孩子後面，對孩子干預或引導太多，孩子還是沒有勇氣獨自走入夥伴中間，那不合群的毛病什麼時候才能改掉呢？

家長應給孩子提供各種與同伴相處的機會，讓孩子能融入團體。不妨試試下面的方法：

1. 增進皮膚觸覺學習

   對觸覺防禦過當的孩子，關鍵是提供有益而豐富的觸覺刺激。父母可以每天用半小時的時間和孩子一起玩親子觸覺遊戲。比如用梳子為孩子梳頭；用軟毛刷刷孩子的手心、足底等敏感部位；還可以用小被子將孩子

像卷蛋捲那樣捲起來等。對那些較嚴重不合群的孩子，應尋求專業人員的幫助，進行感覺綜合訓練。

2. 注重獎勵孩子助人、寬容、合作的行為

讓孩子多注意朋友的優點，並且讓他喜歡上這些優點，培養孩子樂於助人的品格。許多父母要求孩子只做好自己的事，不要管別人的事，這對孩子是不利的。在家裡，應鼓勵孩子幫父母做家事，即使孩子因能力不足而越幫越忙，父母也應真誠的表示感謝，讓孩子從助人中得到滿足。

3. 要求孩子遵守規則

父母在與孩子遊戲時，不能允許孩子「耍賴」而取勝。否則，孩子並不能從中真正感受到成功的喜悅，而只是為自己擁有特權而得意。當然，父母在選擇遊戲和制定規則時，應充分考慮孩子的能力。

O 智慧作答

· 你是個很惹人喜愛的孩子，小朋友們都很喜歡你，去和他們玩好嗎？

Q126

小白兔真可愛，我能養一隻小白兔嗎？

X 錯誤回答

· 你以後還要讀書學習的，小孩子怎麼能養小兔子呢？

□問題分析

很多父母怕孩子養寵物耽誤學習，往往加以阻撓，他們認為小孩子要以學習為主，其他都是次要的，其實養寵物是對孩子進行「愛心教育」的好機會，父母不這麼做不就失去了一次良機嗎？

小動物活潑可愛，一般情況下，孩子都喜歡小動物。

孩子熱愛小動物的心理，兒童心理學家認為是孩子對比他們弱小、幼稚的小生命的一種優越感的表現。他們平時受到大人的照料和幫助，現在能夠讓自己站在優勢地位「照料別人」，這種優越感，是孩子的自尊心和責任感發展的基礎，對孩子健全人格的形成十分重要。另外，孩子在餵食、撫摸小動物中，可以培養愛憐弱小之心，既然養小動物有這麼多好處，父母當然要支持了，不過要讓孩子做好思想準備，給他鼓勵，畢竟養動物是不是一件容易的事。

O 智慧作答

· 好吧，那我們就養一隻活潑又可愛的小白兔吧，不過養小動物可不是很容易，要負責照顧小白兔一輩子，你要加油啊！

Q 127

我不喜歡閱讀，你和我一起玩遊戲吧，好嗎？

X 錯誤回答

· 不喜歡閱讀以後你上學就寫不好作文了。

□問題分析

孩子在幼稚園到上小學這段時間，如果能夠有機會經常接觸書本和報紙，對孩子以後養成讀書、看報的習慣會很有幫助。

身為父母，應該從小培養孩子閱讀的好習慣。

上面的回答很容易使孩子對閱讀更加厭煩，甚至產生叛逆心理，記住，只有讓孩子愉快的閱讀，才能收到應有的效果。

下面幾點建議會對父母有所幫助。

1. 關掉電視，引導孩子去閱讀偉大的著作
   種種跡象表明，電視是讓孩子們冷落文字的罪魁。據一些美國學者的調查顯示，如今一個 20 歲左右的人，至少已經花了 2 萬小時看電視。可見，電視已經瘋狂掠奪了孩子們寶貴的閱讀時間。電視總是扮演著這樣一種角色：企圖主宰人們的思想，人們有意無意的就被它牽著鼻子走。它雖然給了人們感官上的愉悅，卻無情的消耗了人們寶貴的時間。
2. 與孩子一起讀書、一起談論故事中的人和事
   交流彼此的看法，常對孩子說「我們一起來讀好嗎？」對培養孩子的閱讀興趣會有好處的。
3. 讓孩子們在閱讀文字的過程中感受到文字的非凡魅力
   電腦網路雖然模糊了時空的界限，讓我們的生活更加便捷，但是，對文字的疏遠，必然會讓我們失去欣賞文字所蘊藏著的深沉的魅力的機會。電子產品和書籍的最大不同在於：電子閱讀物缺少了一種富有質感的觸摸感，只有紙質閱讀物獨具一種令人備感踏實的親和力。當你靜心閱讀，以平和的心態在字裡行間徜徉，你就能發現你已經不知不覺的走進了一個迷人的宮殿，那裡面的奇幻，會使你流連忘返。
4. 和孩子一起制定閱讀計畫，指導孩子閱讀經典
   孩子的閱讀習慣應從識字開始，隨著孩子識字能力的提高，家長就需要有意識的指導孩子閱讀，在全面了解孩子的閱讀興趣的基礎上，和孩子一起制定閱讀計畫。古今中外的文學經典，自然是孩子閱讀的首選。讓孩子們的心靈與大師們的思想交流、碰撞，讓他們深切的感受到文字裡所蘊藏著的瑰寶。

○ 智慧作答

・我們一起來閱讀好嗎？如果你感覺閱讀很累的話，我們可以一起做個閱讀計畫，這樣既有趣還能身心放鬆，你說呢？

Q128

鋼琴課好枯燥，手還很累，我可以放棄嗎？

X 錯誤回答

- 當初是你看到別的小朋友學習鋼琴，你自己才堅持要學的，現在怎麼說不學就不學了呢？
- 你太讓人失望了，白花了我們辛苦賺的那麼多錢，以後不要再和我們提上什麼 才藝班了。

□問題分析

第一個回答顯然對解決事情毫無用處，還會造成相反的效果。孩子會覺得父母不但不體諒自己，而且還抱怨自己。父母強調「最初是他自己選的」，無形中給孩子帶來壓力，也會打擊他下次再作決定的信心。孩子也可能會因為父母的那種帶點「幸災樂禍」的態度而生氣。既然這些話有百害而無一利，倒不如說一些更有建設性的，更有助解決事情的話語，那不是更有意義嗎？

第二個回答雖然指出了做事不應前功盡棄，但並沒有體諒孩子的感受。孩子會以為父母最關心的只是付出的學費，而不是自己的學習和心情。假如父母以不讓孩子再參加才藝班為懲罰方法，只會局限了孩子將來的學習。

孩子想放棄自己的興趣，最有可能的原因就是學習太苦了，難以堅持下去，這時就是父母出場的時候了，趕快不失時機的鼓勵孩子吧！鼓勵他不怕困難、勇往直前、堅持下去。但說的容易，做到難，孩子感到辛苦、苦惱，繼而想放棄，絕對是可以理解的。

父母應做一個很好的聆聽者，不加入太多意見，讓孩子把心事說出來後，使他（她）感到父母支持、欣賞自己。於是，也就以此作為推動自己繼續努力的動力了。

O 智慧作答

· 我也認為確實不容易，不過我很欣賞你那麼努力！要知道，即使是我的小時候都沒有你這麼能吃苦，我真的很佩服你，相信你經過自己的努力，成績會越來越好的。

Q129

藥片好苦啊，你別逼我吃了好不好？

X 錯誤回答

· 怕什麼，吃藥有什麼難的？

□問題分析

很顯然，父母是想用激將法來讓孩子吃藥的，但殊不知這麼說會使孩子失去自信，我就是個沒勇氣的孩子，你們也不喜歡我，我乾脆不吃算了。孩子自暴自棄，家長心裡也一定不舒服吧？

O 智慧作答

· 如果不吃藥就只能去打針，我想你不希望如此吧！
· 寶貝，你好勇敢，一點都不怕苦，是嗎？

Q130

我要先看完卡通，然後再吃飯，可以嗎？

X 錯誤回答

· 好孩子，快吃飯吧，吃完後我們就可以出去玩了。

· 少跟我討價還價，越來越不像話了。

□問題分析

第一個回答及做法是為了讓孩子做好自己的事因而用獎勵的辦法來教育孩子，這種方法可能當時有效，但是用多了也就不那麼靈驗了。

第二個回答則是在日常生活中比較常見的，家長這麼說，無非是覺得自己是家長，高高在上，孩子永遠都不能和自己平等交談，這可是親子溝通的一大忌。有這樣想法的家長一定要注意，為了您的孩子，千萬不要這麼想。

孩子之所以養成愛討價還價的習慣，與平時家長的教育方式大有關係。有些家長常常是先提出引誘條件，例如：你好好練琴，明天我們帶你去動物園玩。這實際上就是一種討價還價，久而久之，孩子也養成了這種習慣。

要避免孩子討價還價，家長平時可和孩子一起制定規則，規則要簡明，便於操作。逐漸讓孩子明白哪些事必須做，應該怎樣做，明白規則是不可以隨便更改的。大多數孩子的討價還價是試探性的，只要家長能堅持原則，大多數孩子都會改變的。

孩子出現討價還價的言行說明他已經有了自主意識的萌芽，這也未必是件壞事，家長既不能一味的禁止，也不要過於遷就。只要家長循循善誘，就將會擁有一個通情達理的孩子。

O 智慧作答

· 要遲到了，小朋友們都開始玩遊戲了，就剩下你了，抓緊時間吧！

· 飯吃不完，可以放在那裡，不過待會餓了沒有其他東西吃喔，我相信你能把飯吃完的。

Q131

收拾玩具好累啊，我可以不收拾嗎？

X 錯誤回答

· 你要是不把你的玩具收拾好了，我就全都給你扔掉！

□問題分析

家長這樣回答，說明其有可能已深受「打掃戰場」之累了，但也未免太讓孩子傷心了。試想想，父母要把自己心愛的小白兔、小汽車、手槍……都要扔掉，孩子一定會恨他，認為父母是「壞蛋」，你想在孩子的心目中成為壞蛋嗎？

的確，維護家居的整潔有序十分重要，但孩子那醉心於遊戲的童心不是更值得我們愛護嗎？要知道，玩具是孩子的全部生存意義，玩具是孕育孩子智慧的搖籃。父母如果總是用命令的口吻，催促、責備、懲罰的態度來對待孩子的玩耍，往往導致孩子既不想整理玩具，又不想繼續有趣的遊戲。

對於孩子來講，以遊戲形式出現的工作是容易接受的。因此，你最好把收拾玩具變成一種遊戲，而不是一項工作。由於孩子年齡小，還沒有自己收拾東西的習慣，所以父母隨手就替他們做了。但是當孩子長到 5、6 歲時，父母會來個「急剎車」，收拾東西成了孩子自己的事。

父母可以訓練孩子在遊戲完畢後收拾玩具，實際這是一個習慣的養成問題。但這個習慣的養成，絕不是父母下個指示或發通脾氣就能完成的。

當然，孩子從一開始就能收拾自己的東西當然是最好不過了。如果不是這樣，父母可透過教育、鼓勵和引導，來使孩子高高興興的完成他應該做的事情。

O 智慧作答

· 寶寶很會收拾玩具的，我們一起來好嗎？

· 布娃娃、小熊、小馬該睡覺了，我們把它們送到「床上」去好不好？火車、汽車也應該回到車庫裡去休息，對不對？

Q132
爸爸媽媽，你們能不能別碰我的那些寶貝？

X 錯誤回答

· 老是撿這些破爛有什麼用？

□問題分析

父母把孩子的物品視為「破爛」，孩子卻認為那是「寶貝」呢！要知道，孩子收集物品沒有任何功利的目的，他們只憑興趣而收集，為收集而收集，收集本身就是他們的目的，自己感興趣的東西就是有價值的。父母如果對此橫加指責，便會導致他的抵觸情緒，覺得父母太不近人情，太冷酷了。

有位心理學者道出了孩子收集「破爛」的奧祕：孩子收集物品並非因為破爛有什麼用途，只是一時感興趣而已，是「為了收集而收集」。感興趣而收集的東西，才會有價值。

家長對孩子的這種心理應給予滿足，還可以適當的引導孩子把那些「破爛」歸類，幫助孩子把破爛整理得整齊而有序，讓孩子十分情願的接受你的提議。

O 智慧作答

· 孩子，我們一起把這些東西收拾一下好嗎？你一定會做得很好的。

Q133

媽媽，你看我拖地拖得乾淨嗎？

X 錯誤回答

· 你還小，還不行的，不要拖了！
· 一點都不乾淨，再重拖！

□問題分析

第一個回答方式，明顯給滿頭大汗的孩子頭上潑了一盆涼水，這種「冷水浴」奉勸各位家長還是給孩子少洗為好。孩子會想，原來自己確實不行，以後不要再做了。

第二個回答也欠考慮，孩子畢竟還小，他（她）不可能事事都能做好，家長應該有這種心理準備，不能以一個大人的標準去要求孩子，看到孩子沒拖乾淨就要求「再重新做」，這樣會打擊孩子的積極性，使孩子慢慢的厭煩做家務。

孩子還小，不可能事事都做得令父母滿意，如果家長要求孩子做什麼事都做到完美，將是一件很可悲的事。家長不應該追求孩子做事的結果如何，而在於做事的過程。孩子辛辛苦苦做了那麼長時間，已經付出了工作過程，無論結果如何，都應該得到父母的肯定。做母親的可以仔細體會一下，自己在做家務的時候，若能有人在一旁對自己的成績加以肯定，自己一定會感到更加輕鬆的。

O 智慧作答

· 哇，你真了不起，竟然能幫媽媽拖地了，來，媽媽幫你擦擦汗再拖吧，然後我們一起檢查檢查看看哪裡沒拖乾淨？

Q134

我是不是什麼都做不好？

X 錯誤回答

· 你總是做不好，真讓我失望！

□問題分析

增進孩子的自信，是克服孩子過度自責的關鍵。過度自責的孩子往往較自卑，對自己缺乏信心，不能面對自己的弱點。他只要看到一個弱點，便會否認或懷疑整個自己。這時，如果父母對他像上面所回答的那樣，孩子會認為自己真的是沒救了，永遠都做不好。這樣孩子對自己還有信心嗎？

父母不要只看孩子做事的結果，有些父母見孩子成功了，才去鼓勵，如果不成功，雖然孩子很努力，也要批評，這種教育方法很容易造成孩子過度自責。

父母應該關心孩子各方面的品格。比如孩子的努力，與人合作的精神，欣賞別人的優點，幫助他人等等。當孩子表現出這些品格時，父母便應及時獎勵，並表示欣賞。這樣，孩子心裡一定不會理責備自己了，他（她）會想：父母認為我已經做得很好了，如果我再繼續努力，以後一定會得第一的。

另外，家庭中要形成寬鬆的氣氛。日常生活中，家庭成員對一些小的過失應予以忽視。有些家長非常重視禮節，對一些小過失都要表示歉意。這種做法雖然有助於培養孩子的自省和責任心，但不可過分。如果對任何小過失都不放過的話，孩子對過失會過於敏感，以致造成心理上的壓力。

O 智慧作答

· 孩子，你已經努力了，沒關係，我相信以後你會做得更好的！

Q135

我怎麼樣才能做得更完美？

X 錯誤回答

· 你怎麼會這樣？你不知道要小心一點嗎？

□問題分析

父母這樣斥責孩子，對孩子一點益處也沒有。

孩子過於追求完美與家庭教育方式有很大關係。媽媽從小對孩子要求過於苛刻，不允許孩子出現半點差錯，導致孩子長大後將無法接受自己的過失。

其實，這個世界本來就不是完美的，哪能沒有過失呢？因此家長要從小教會孩子正確對待自己的過失。

O 智慧作答

· 爸爸媽媽以前對你要求太苛刻了，其實有些事情都無法 做得那麼完美，只要你努力就可以了！

Q136

接吻都要找個適當的角度，是不是怕鼻子礙事？

X 錯誤回答

· 你知不知道害羞啊？這麼小的孩子竟然問這種問題？

□問題分析

不少家長經常遇到這樣的情形：夫妻接吻時偶爾被孩子看見；幼稚園老師告狀，說你的寶貝女兒經常與小男生接吻。這些事情一定讓你又氣又惱。

父母不把實情跟孩子講明白，而是以這樣的話來責備孩子，會加重孩子對這些問題的好奇心，說不定還有可能做出一些不應該發生的事情呢，到那時父母可就悔之晚矣了。

其實大可不必動氣，這種問題通常是年幼的孩子才會問的，父母不能不理睬，你可能很坦誠的告訴他（她）當中的緣由，然後給他講一些中西方接吻的禮儀，以滿足孩子的好奇心。孩子對這些問題不再好奇，當然也就不再去想了。

O 智慧作答

· 孩子，你的問題提得很好，其實，接吻並不神祕。

Q137

爸爸媽媽，你們緊緊摟在一起是在做什麼？

X 錯誤回答

· 你怎麼不敲門就進來了？

□問題分析

遇到這種事情，孩子本來已經感到緊張或不安了，再用這樣的語言責備孩子，孩子不是更尷尬了嗎？

沒有經過性教育的孩子遇到這種情況可能感到緊張或心裡混亂，他們在某種程度上隱約知道一些他們看到的事情，但也會迷茫。家長可以用幽默的語言來使氣氛緩和，使他們感到輕鬆。

O 智慧作答

· 爸爸媽媽很相愛，但是又很害羞，所以不希望別人看見我們兩個人親密的抱在一起，你明白了嗎？

· 哦，我本來不想用這種方式教你性知識。我很尷尬，但我一會兒就好了。你不用感到奇怪，一會兒爸爸媽媽會告訴你具體是怎麼回事。

Q138

媽媽，我們買衛生棉做什麼用？

X 錯誤回答

· 小小年紀竟然問這樣的問題，你不害羞啊？

□問題分析

這種情況不一定發生在超市，比如說在家中看電視時，孩子從廣告中看到這種衛生用品，也可能會提出這樣的問題，他不知道這些東西是做什麼用的，便去問爸爸媽媽。

其實，孩子只是感到好奇而發問，並沒有犯錯，不應該責備他呀！這樣下去，孩子慢慢會變得不喜歡主動發問，因此會削弱他的求知慾。這樣的語氣帶有輕視孩子的意味，孩子會以為自己真的不好，慢慢的就會對自己失去信心。想必，這樣的結果可不是每位父母想看到的吧？

遇到這種情況，家長大可不必大驚小怪，要知道性教育最好是從家庭中開始，父母應根據自己孩子的年齡來作答，對年幼的孩子，只用精簡的答案給孩子解釋即可。

O 智慧作答

· 寶貝，你喜歡提問題很好，衛生棉是女孩子用的東西，和尿布差不多！

Q139

我不要去看醫生，我們在家待著吧？

X 錯誤回答

· 讓爸爸、媽媽、爺爺和奶奶都陪你去，好不好？

· 好孩子，看醫生一點都不痛，不要害怕！

□問題分析

寶寶去醫院看病，全家人前呼後擁的，這樣無形中會給孩子造成心理壓力，以為看醫生是多麼可怕的事情，從而加深對醫生的恐懼感。所以第一個回答及做法不要採納。

第二個回答是在欺騙孩子，以後會讓孩子覺得你不夠誠實，有損你在孩子心目的形象。應該先與醫生談一下孩子的病情，當醫生告訴你這次檢查時間較長，而且還會有一些痛苦時，父母一定不能對他撒謊。

孩子怕看醫生，自然就是害怕疼痛，害怕打針、吃藥。這種情況，往往是因為孩子以往的經歷或聽人講過吃藥打針的痛苦造成的。因此，父母平時要注意對孩子進行教育，使他們了解生病看醫生、打針吃藥是治療疾病的必要方法，而不能把這些作為嚇唬孩子的手段，使孩子在心理上對醫生產生恐懼。孩子對明知可怕的事情的反抗性是很強烈的。

O 智慧作答

· 寶寶，爸爸給你講個英雄的故事，我相信你也一定能像這位英雄一樣那麼勇敢。

· 是的，到醫院看醫生，接受檢查要受一點苦，時間也許會很長，但爸爸媽媽會一直陪在你身邊。我們都知道看醫生不是什麼好事，但又不得不

這麼做，這對你的病會有好處的，你想想看，我們應該不應該去看醫生啊？

我的書法寫得漂亮嗎？

X 錯誤回答

· 你的字像雞爪一樣歪七扭八，還好意思問漂不漂亮？

□問題分析

沒錯，你說的很對，孩子的書法的確寫得很難看，可是說出這樣刻薄武斷的話語，卻極大的挫傷了孩子的自尊，讓孩子失去積極性。為什麼不婉轉的表達自己的意見呢？

不要輕易否定孩子，即使他做得再不好，也不妨試著對他進行鼓勵，讓孩子滿懷信心的繼續走下去。並且，對於家長的這份理解與體諒，孩子一定會感激不盡的。

如果適當的鼓勵一下孩子，他就不會從此放棄學習書法了，或許他會加倍的努力，日後成為一個書法家也不一定。家長和孩子說話時，千萬不要過於武斷，要注意分寸。孩子的心靈是最脆弱的，家長們一定要牢記這一點。

O 智慧作答

· 你的作品很不錯，倘若再努力一段時間，相信會變得更完美……

· 在我看來，這些字都挺好，我相信，你能寫得更好，所以，不要氣餒，繼續加油啊……

· 你做的已經很努力了，比如說……，但不要灰心，重在參與。而且，只要堅持下去，你終究會做好的。

Q141
你能幫我挑一件最最最適合的衣服嗎？

X 錯誤回答

· 挑三揀四的，你還有完沒完了？

□問題分析

生活中，家長經常會說出「你到底在搞什麼鬼」、「你有完沒完了」諸如此類的話，傷害孩子的自尊心。

兒童心理研究學者說過，處於成長期的少年兒童，辨明是非的能力雖然不是很強，但他們總是有自己獨特的思維方式。他們每做一件事情都有自己的理由和想法。如果家長不耐煩的對待孩子，抱怨孩子不對自己說心裡話，就永遠也不可能知道孩子心裡到底在想些什麼。

父母總是以成人的思維方式去評判孩子所做的一切，把自己的意願強加給孩子，對於孩子的成長是極為不利的。家長們應該學會傾聽孩子的真正需要，如果孩子在認知上存在誤解，應該循循善誘的進行開導，而不是脫口而出「你還有完沒完」諸如此類的話。

家長首先要學會了解孩子的內心，要學會和孩子進行心與心的溝通，知道什麼是他們感興趣的和想要的。這樣，孩子就樂意把自己心中真正的想法與父母一起分享。

父母想要了解孩子，就應當在孩子說話的時候表現出好奇、興趣和熱情、鼓勵孩子多表達，多與父母溝通。

當發現自己的想法得不到孩子的認可時，切不可不顧孩子的自尊強迫孩子接受。應該盡量把自己的想法向孩子闡述清楚，同時也要傾聽他們的想法，互相交換各自的意見想法，這樣才有助於孩子的進步。

O 智慧作答

· 寶貝，別著急，你把老師的要求跟我們好好說說，我們一起分析一下，看哪件衣服更適合你的演出？

· 寶貝，你先自己選擇幾件你認為滿意的衣服，之後再找爸爸媽媽一起商量下，看看究竟哪個比較適合你的演出。

Q 142

我唱得比其他人差，是不是又讓你們失望了？

X 錯誤回答

· 你看看人家小美，真給她父母臉上爭光！

□問題分析

在現實生活中，家長們經常拿自己的孩子與別的孩子進行比較，尤其是孩子做錯事情或遭遇失敗時，這種比較更加普遍。

也許家長認為，這種比較可以激勵孩子發奮，使孩子看到自己與優秀的孩子之間的距離，從而更加努力，趕上並超過對方。但如果這種比較用的過多過氾濫，尤其是在孩子失敗之後使用，通常並不會起到正面的促進作用，相反的，家長的這種尖刻的批評，會使孩子的自信心被徹底擊垮，會認為自己比其他孩子相差一大截，因此而產生強烈的自卑，進而放棄努力，認為自己永遠是一個失敗者。以後做什麼事情都沒有信心。

所以，家長要盡可能避免拿自己的孩子與別的孩子進行比較，更不要因為孩子的一次失敗就對孩子進行奚落和諷刺。當孩子表現得比其他孩子差，或者遭遇失敗時，父母最應該做的就是對孩子進行安慰，告訴他一兩次的失敗不算什麼，更不能證明他沒有能力。相反的，只要保證自信，找對方法，就一定能夠成功。

記住，當孩子失敗、失意的時候，不要拿別人和他比較，這只會激起孩子的叛逆心理和引發他們的自卑情緒，傷害孩子的自尊，對於孩子上進一點幫助也沒有。

O 智慧作答

· 孩子沒有關係，下次你一定能做得更好，我相信你，加油！

Q143

小朋友們都笑我穿的衣服太破，我們家眞的很窮嗎？

X 錯誤回答

· 是啊，都怪爸爸媽媽，沒有本事……

□問題分析

「我沒本事……」是一些混得不好的父母的口頭禪。他們在和孩子交談時把自卑感表露無遺，殊不知父母的自卑感是會「傳染」給孩子的，他們會認為「爸爸媽媽沒本事，我又能怎樣？」從而對世界和自己的未來產生恐懼感。

教育專家研究表明，絕大多數孩子的自卑感是由家長誘發的。在困難面前，父母如果能堅定自信、樂觀向上，那麼，孩子對未來也是充滿信心的；但如果父母悲觀沮喪，認為自己命中註定要平庸一生，那麼孩子在面對世界時就會感到信心不足，就會悲觀的看待問題。

生活中，不僅父母喜歡在孩子之間進行比較，孩子也經常拿自己的父母與的同學的父母進行比較，比如看到社會上有些人有特權，而自己的父母沒有；有些人神通廣大，而自己的父母卻安守本分，便會對父母提出許多疑問。這時候，父母千萬不要用「我沒本事」來開始親子之間的談話。而應該用辯證的觀點去貶惡揚善，指引孩子踏上堅實的成才之路。

O 智慧作答

· 孩子，快樂是最重要的，我們一家人生活在一起多開心啊，只要我們一起努力，什麼難關都可以跨過去，生活一定會越來越好的。

· 不要怕別人取笑你，去尋找那些願意和你交朋友的朋友，你們一定會很開心的。

· 不要緊，告訴那些嘲笑你的孩子，我的衣服雖然沒有你們那樣漂亮，但是我有關心自己的父母，老師也很喜歡我。

Q 144

你看，我的小兔子繡得怎麼樣？

X 錯誤回答

· 去去去……沒看到我正忙著嗎？

□問題分析

當家長正在忙於各種事情的時候，孩子要求父母和他們談談話或是幫忙什麼事情，許多家長都會不耐煩的說：「去去去……沒看到我正忙著嗎？」父母無意識的一句話就可能傷害孩子敏感脆弱的心。

父母說這句話時，可能並沒有什麼惡意，但在孩子看來這句話卻意味著父母不把自己當一回事，認為自己所做的所有事情都是沒有意義的，不管是自己的勞作作業，還是學習上遇到了難題，都不如父母他們正在做著的事情——比如看報紙、做家務重要和有價值。有些孩子甚至會產生強烈的叛逆情緒：「你們不是認為我做的事情沒有一點用嗎，那我不做好了。」結果放棄了對生活的探尋和嘗試，甚至放棄了學習。

對於正在成長中的孩子來說，父母的關注就是他們成長的養料。父母疏於關注他們，不願意傾聽他們說話，不願意欣賞他們的「傑出成就」，吝嗇於給

予他們誇獎和讚美，他們的就會像沒有獲得充足養料的植物一樣萎靡、沒有活力。

父母平時所忙的任何事情都沒有給孩子這顆生命的小苗施加養料重要，所以不管父母正在忙什麼事情，都要停下來傾聽孩子的聲音，這樣孩子才會感到被尊重和呵護，才會健康成長。

O 智慧作答

‧爸爸在做一件很重要的事情，寶寶能 10 分鐘後再來找爸爸嗎？

‧嗯，媽媽認為你繡的小兔子看起來不錯，繼續努力，一會媽媽再來看看。

Q145
你們大人聊天為什麼不讓我加入？

X 錯誤回答

‧大人說話，小孩別插嘴！

□問題分析

日常生活中，父母在說話時，如果孩子插嘴，父母便會制止：「大人說話，小孩別插嘴。」家長們覺得這樣的話語並沒有什麼不妥，自己是大人，孩子是小孩，孩子「亂」講話就是沒禮貌。事實上，父母的這種想法太過於專制了。大人與孩子的世界雖然不同，但應該是平等尊重的。孩子對大人世界的事情發表見解是他們獨立意志的表現和發展的需要，即使觀點不正確，也是值得稱讚的。

如果大人們把大人的世界和孩子的世界劃分得太清楚了，不把自己的孩子當成一個和自己平等的人來對待，不給予他們應有的尊重，那麼孩子就不會信任大人，有事不會跟大入說，而是把所有的心事都放在心裡。

所以，家長要正確應對孩子的這種對成人世界的新奇，給孩子提供機會讓他參與到一些「大人們的事情」的討論中，培養孩子的分析問題和解決問題的能力。

家長要注意，孩子有發言的權利，應該尊重孩子的表達需要，讓他自由發表個人的意見，而不要扼殺他們的天性。

積極為孩子創造條件和機會，讓孩子盡快儘早的了解成人的世界，了解真實的社會。如果大人的談話確實不便孩子在場，可適當的安排孩子去做一些別的事，轉移孩子的視線，而不要呵斥著打斷孩子的話語，這會在無意中傷到孩子的自尊心。

O 智慧作答

- 哦，你有意見要發表很不錯哦！不過，要讓我們先討論完你才能發表你的看法，知道嗎？
- 我們在聊很重要的事情，你可以先把你沒有畫完的那幅畫完成，之後再過來和大家一起聊天吧！

Q146

我把撿到的錢包拿去給警察叔叔，我是不是很棒？

X 錯誤回答

- 這是你本來就應該做的啊！

□問題分析

孩子經過一番努力做出了自己認為足以得到父母表揚的事情，可是等到的卻是父母的一句聽起來更像是批評的表揚的話語：「你本來就應該這樣做。」

心理學家認為，永遠不要對孩子說「本來應該如何如何」，因為當父母說出表揚夾雜著批評的話時，孩子通常只注意那些批評的話。假如你的女兒在自己不擅長的某個方面表現出眾，而你馬上告訴她做得非常不錯時，她會想到：「媽媽表揚我做得不錯，我今後要做得更好。」

「你本來就應該這麼做的啊！」這句話是屬於錯誤的表揚，會讓孩子感到父母並不重視自己取得的成績，對自己的前進或是後退都漠不關心。這樣一來，這種漠視會轉移到孩子身上，讓孩子覺得自己做好做壞都一樣，從而慢慢失去了前進的鬥志。

當孩子做出一點成績時，父母要注意表揚的措辭，既不要誇大其詞，也不要說一些看似是表揚的批評話語，孩子需要父母的正確鼓勵，這樣有助於增強他們的自信心。重要的是，孩子會感謝你對他的重視。在得到了父母的肯定之後，他們會更加努力向上的。

孩子對鼓勵的言辭和行為反應良好，而對懲罰及有失體面的言辭和行為反應很壞，因為它們意味著挫折和氣餒。所以，對孩子應多鼓勵，少批評。

O 智慧作答

· 嗯，孩子，你做得很棒，下次遇到同樣的事情也要繼續這樣做哦！

Q147 我想去火星考察，你們能和我一起去嗎？

X 錯誤回答

· 天啊，你的腦袋整天在想什麼呢？

□問題分析

很多父母都是這樣來評定孩子的一些看似遙不可及的夢想 :「天呀，你在想什麼？」、「你整天都在胡思亂想，腦子裡面不知道裝著什麼？」、「真是自不量力。」……家長們滿不在乎的說出這樣的話，甚至還會說些諷刺的話來讓孩子面對現實，但最終的結果往往不是孩子變得現實，而是變得萎靡不振，沒有自信了。

孩子有許多幻想，其中蘊藏著實現的可能性。為了實現孩子發展的可能性，父母絕不能打擊孩子，否則會斬斷孩子想像的翅膀，破壞孩子發展的可能性。

想像力往往代表著創造力。任何創造發明都是源於想像，靠想像力取得舉世矚目的成功例子不勝枚舉。萊特兄弟發明飛機前，是用想像的眼睛看到在空中飛翔的飛機；馬可尼在發明無線電之前，首先用想像的眼睛看見了千里通訊的情景。他們就是這樣發明了飛機和無線電的。愛迪生能有驚人的發明也是敢於想像的結果。

想像是創造的前提，請不要綁住孩子想像的翅膀，而應鼓勵他們去嘗試，去創造，激發他們的求知欲望。身為父母，應當適時的鼓勵孩子去想像、去嘗試、去表達自己的想法和本領，而不要遏制孩子豐富的想像力，更不可譏諷、批評孩子「那些想像都是白日做夢，都是不可實現的。」這會嚴重的打擊孩子的自信心。

O 智慧作答

· 你的想法很好，不過火星可不是容易去的，你的飛船必須得異常堅固，所以，從現在開始，你就要為這個遠大的理想而努力奮鬥了，我們會支持你！

Q148 媽媽，我不小心把超市的盤子摔壞了，怎麼辦？

X 錯誤回答

· 沒事，反正沒人看見，快點走吧！

□問題分析

這個回答在現實生活中並不少見，她們認為孩子的一點小錯誤沒什麼大不了，於是會幫孩子加以掩蓋，任其發展不加以阻止。父母切記不要對孩子在外邊的所作所為閉目塞聽，或是聽之任之，或是文過飾非。要是真的這樣，孩子就會認為自己無論做什麼壞事，父母都會竭盡全力為自己掩飾，孩子就會越來越沒有是非觀念，一旦養成惡習就難以改正了。

現實生活中還有一些家長，明明知道孩子有缺點，但怕丟臉，認為「揭孩子的短就是打自己的臉」，所以對孩子總是抱以縱容的態度。其實，家長們不要把正當的自尊心和保護虛假的面子混淆起來。當別人指出孩子的缺點和毛病時，家長應該正視這些缺點，及時的教育孩子。

正視孩子的優缺點是每個父母應有的正確態度。家長要充分認識到利用社會力量對孩子進行教育的重要性，不僅要對其抱有信賴和合作的態度，而且要主動徵求和真誠歡迎別人對孩子提出批評意見。這樣做不僅能讓孩子從小培養誠實的好習慣，還可以使孩子懂得對自己所犯的錯誤要勇敢的去擔當，去負起責任來。

在教育對待錯誤的問題上，父母應該起好的帶頭作用。父母是孩子的終生之師，只有當家長在孩子面前做出良好的表率時，孩子才能樹立一個正確的是非觀、人生觀，遇到錯誤或困難時，才能正確的對待和解決它。

O 智慧作答

- 沒關係，我們一起去找售貨員阿姨，看看怎樣解決比較好。
- 哦，是嗎？下次記住一定要小心啊！走，我們去找負責人賠償超市的損失並向他們道歉，好嗎？

Q149 我不想參加明天「競選演講」了，萬一失敗了怎麼辦？

X 錯誤回答

- 你可真夠窩囊的，有什麼可怕的？

□問題分析

現實生活中，父母常常會過分的責備孩子的不是。就像故事裡面的媽媽，僅僅因為孩子不願意去競選班級幹部，就把孩子罵為「窩囊廢」。這些父母都忽略了至關重要的一點，孩子很可能在父母的不斷責備下，越來越自卑，越來越沒有尊嚴。

不可否認，父母的責備也是出於愛自己的孩子，可是這樣的責備卻會使孩子失去自信，很可能從此他就真的成為父母口中的「窩囊廢」了。父母有責任向孩子指出他的錯誤表現，並督促和鼓勵他糾正，但千萬不可以否定孩子本身。

長期遭受父母嘲諷的孩子，長大後會變得膽怯、沒有自信；不然就是會對父母產生怨恨而耿耿於懷。由於害怕，所以只能將對父母的輕視和憤怒埋藏在心底。等到長大後，他們往往會找機會加以報復。

家長要記住，一個習慣以諷刺態度批評孩子的父母，是不可能博得孩子的真心尊敬的。家長們要激勵孩子，請採用稱讚、鼓勵、循循善誘的教育方法，

千萬不要挖苦孩子的缺點，數落孩子的不是。每個孩子都有一顆上進的心，都渴望父母的鼓勵。

俗話說：「尺有所短，寸有所長。」人各有各的優勢，必須以積極、平等的心態對待孩子的優缺點。這樣才能培養孩子樂觀向上的情緒，讓他們充滿自信。

O 智慧作答

· 比賽結果怎麼樣不重要，重要的是這是一個可以鍛鍊你口才和膽量的機會，何不給自己一個機會呢？不管怎樣，媽媽尊重你做出的任何選擇。

Q150
我長得像不像小童星啊？

X 錯誤回答

· 你別自作多情了，你身上哪點像童星呀？

□問題分析

現實生活中，很多父母常拿孩子的相貌和身體缺陷逗樂取笑，或者在生氣時冷嘲熱諷。父母們覺得孩子還小，還不知道什麼是美，什麼是醜，所以，說一說也無所謂，但事實上，這些負面的評價都會損傷孩子的自尊心，傷害孩子的心靈。

對於孩子來說，父母對自己相貌的評價具有絕對的權威性，因為自己繼承了父母的某些外貌特徵，如果連父母都說自己的外表有缺陷，那麼還有誰欣賞自己的外表呢？如此，當父母肆無忌憚的對孩子評頭品足的時候，孩子的心靈已經受傷了。如果是一個成人，自尊心受了損傷，可以採取反擊——向

對方發火，或自我安慰一番來撫平傷痕。可孩子卻難以做到這些。在父母面前，他們沒有反駁的能力，聽了父母嘲笑自己的話，會認為自己很醜陋，不會有人喜歡，於是陷入深深的自卑。

每一位父母都要記住：孩子的外貌不會因父母的嘲笑而改變，但孩子的內心卻會因父母的評價而改變！

O 智慧作答

· 你笑起來很迷人，爸爸媽媽都很喜歡你！

· 你的舉止很得體，我們都為你感到高興！

Q151

我不想上車，我們能走著去旅遊嗎？

X 錯誤回答

· 現在就進車裡去，不然你會後悔的！

· 如果你不立即上車，我就打你屁股。

· 如果你現在上車，我就給你一塊小餅乾。

□問題分析

你活潑好動的孩子拒絕上車，應該詢問一下孩子的感受並解決問題，這樣你才能保證將要進行的旅行會讓每一個人都感到愉快。

第一個回答是在用危險的結局威脅孩子，意味著他可以繼續下去，直到懲罰降臨，這並不能教會他合作。另外，如果他覺得你虛張聲勢，這會迫使你將懲罰進行到底。如果你不進行到底，就等於告訴他，你並不是一直說話算話的。所以，最好避免威脅或將威脅進行到底。

第二個那種體罰的威脅會讓孩子認為不合作的下場是暴力。以暴力威脅還會使他們僅僅為了避免懲罰而合作，而不是因為合作會使你們雙方獲益。

第三種方式是以食物賄賂，這會賦予食物一種不健康的功能，它決定孩子快樂與否。同時等於是在告訴孩子，他可以用拒絕合作的方式獲得食物獎勵。

如果你知道孩子在車裡感到不舒服，那麼就為孩子提供新鮮空氣和路旁的景色吧，或者播放他最喜歡的歌曲或電影，讓他喜歡坐車。

O 智慧作答

- 你可以選擇高高興興的上車，或者哭哭啼啼的上車。你自己決定吧！
- 你坐上車綁好安全帶後，我們就會播放你最喜歡的歌，還能一起唱歌，這在車裡是一件多麼開心的事啊！
- 我知道你不想上車，但是我不知道為什麼。你能告訴我嗎？
- 我知道你不想上車，但是我們要去旅遊，路途很遠。你上車坐好後，就可以玩我們放在車裡的玩具了。

Q152

我不想下車，我們能在車裡待一會兒嗎？

X 錯誤回答

- 求求你了寶貝，爸爸媽媽工作一天很累了，我們趕緊上樓回家吧！
- 你再不動彈的話，我可不客氣了。

□問題分析

第一個回答方式是在祈求孩子合作，實際上，那只會鼓勵孩子更加不聽話，以表現他（她）自己的權利和控制力。

第二個回答是對孩子進行威脅，是在告訴孩子透過威脅可以得到自己想到的東西，這樣並不能讓他（她）學會以和平的方式達到目的。

當你的孩子拒絕下車時，你就該回憶一下他（她）每天都做了些什麼樣的活動。如果他（她）活動量過大，他（她）不想下車可能是因為他（她）不願意每天都做同樣的事，這可能還意味著他（她）對某種活動或某個地方感到恐懼，也可能他（她）只是想和你待在一起。所以，你最好詢問一下孩子的想法。他（她）的回答有助於你解決問題。

O 智慧作答

- 你是想自己下車，還是要我幫你？你自己做決定吧！
- 能不能讓我了解你不想下車的原因呢？如果有什麼問題，我會幫你解決的。

Q153

搭電梯好恐怖，我們能走著上樓嗎？

X 錯誤回答

- 來，堅強一點，你要學會勇敢的面對這個恐懼。
- 不許哭鬧了，再鬧的話，電梯裡就更危險了。

□問題分析

第一個回答看似很有智慧，事實上，這個「堅強一點」的建議等於在暗示孩子，他（她）必須單獨一人面對自己的恐懼，然而這並不能告訴孩子如何克服它們。

第二個回答只會讓孩子感到更大的恐懼，甚至認為父母在要求自己做某事時，寧可傷害他（她）也不願意幫助他（她）。

家長應該理解，一個幾歲的孩子進入一個一按按鈕就上下移動的密封櫃子，的確會讓人感到不舒服，沒有安全感。所以，你要用耐心和撫慰去幫助他適應這些較為普遍的運載工具。

比如在用電梯之前帶孩子去參觀電梯，以便讓他（她）熟悉這一工具。先讓他（她）從遠處觀察，那樣他（她）就可以看見人們安全的上下電梯。如果你認為對減輕他（她）的恐懼有用，還可以向他（她）解釋電梯的工作原理，直到孩子對電梯不再大驚小怪為止。

O 智慧作答

· 我理解你不想坐電梯，那我們就走樓梯吧，不過，走樓梯會辛苦一些哦。我們下次再坐電梯吧。
· 在電梯裡我會抱著你，那樣你就感到安全了。當電梯上下移動的時候，那種感覺是非常刺激的，一會兒我們一起感受一下，好嗎？

Q154

穿鞋子不舒服，我能光著腳出去玩嗎？

X 錯誤回答

· 在我沒生氣之前，你最好趕緊把鞋穿上。
· 如果你聽話，乖乖的把鞋穿上，我就給你買糖吃。

□問題分析

第一個回答，威脅不僅於事無補，還會告訴孩子可以用威脅控制別人，這樣做會令他（她）恐懼並降低他體察別人的能力，這也無助於教會他（她）與人合作。

第二個回答是透過物質誘惑來讓孩子聽話，這會讓他（她）養成因為滿足你的要求而獲得獎勵的習慣，非常不好。

對一些兩三歲的孩子來說，不穿鞋子是最大的樂趣，要求他們穿鞋則會使這種樂趣消失。要向孩子解釋，土地或地板有時候很危險（有碎玻璃、碎片、尖石頭、燙腳的柏油等等），這樣他（她）就會理解把腳包起來會保護他（她）的安全。同時，在安全的時候也要盡量滿足他（她）光腳的要求。

O 智慧作答

· 我們來練習穿鞋子吧！我可以幫你穿，然後你自己把鞋帶綁上。

· 你穿上鞋子我們就去你想去的遊樂園玩。因為遊樂園的地面上有時候會有一些尖利的東西，比如釘子、玻璃、碎石頭等，所以我們必須要穿好鞋子才能進去。

Q155

浴缸裡有好多泡泡，我可以再玩一會兒嗎？

X 錯誤回答

· 趕快從浴缸裡出來，不然我打你的屁股。

· 我還有更重要的事情要做，所以你現在必須出來。

□問題分析

第一個回答是在以傷害為內容來威脅孩子，這樣做他可能會按照你的意思做，使你得到即時的效果，但是他（她）受到的傷害無論是情感上的，還是身體上的都太大了。

第二個回答擺明了告訴孩子你有更重要的事情要做，這會使他（她）感覺到他（她）不被需要和不能得到你的關注。你得到的將不是合作，他（她）會做一切他所能做的事情拒絕你的請求，以便最終引起你的注意。

注意你想要什麼結果，可能就會得到什麼結果。使你幾歲的孩子在浴缸裡興致勃勃，這是鼓勵他（她）進浴缸的很重要的一步。然而當他（她）在洗浴時非常快樂開心，他（她）自然不樂意出來。提供毛巾、給他（她）一些擁抱，使他（她）感到溫暖和安全，讓他（她）準備舒適的出來。

O 智慧作答

- 快從浴缸出來吧，擦乾淨、穿上你的小睡衣，然後我們就可以在上床睡覺前一起讀故事書了。
- 寶貝，因為你在浴缸裡的時間太長了，所以我們這次沒有剩餘的時間吃點心和讀故事書了，下次你要注意哦！

Q156

我為什麼要轉到新的幼稚園呢？

X 錯誤回答

- 原來的幼稚園我們實在負擔不起了，所以要轉一個新的幼稚園。
- 我知道你忽然去了一個新的幼稚園很害羞，而且還要結交新的小朋友，但是這些都是你必須要面對的。

□問題分析

第一個回答等於是把成人所面對的經濟狀況向孩子做了一個表述，這一方面會讓孩子產生心理負擔，認為自己是個與別的家庭孩子不同的人，進而產生

不健康心理；另一方面會對家長失去某種程度的信任和依賴，認為自己的父母是無能的父母。

第二個回答等於是在強化孩子的害羞心理，這會使這一問題永久化，是把本來並不重要的問題透過強調，加重了問題的嚴重性，對孩子成長顯然不利。

在孩子轉幼稚園這一問題上，孩子可能不會直接進行反抗，但是你會注意到，有一些跡象表明他不（她）想去新的幼稚園;他（她）可能不想談論此事;在他（她）去新幼稚園的路上他可能會發脾氣；他（她）可能對其他孩子具有攻擊性；當你提到此事時，他（她）可能會說自己拉肚子。所有這些跡象表明他（她）需要學會適應這一變化。

對此，家長要多強調新幼稚園有利的一面，比如有更大的操場、更多同齡兒童、離家近等等。另外，在換新幼稚園之前，和孩子一起參觀這所幼稚園，讓他看一下環境並且告訴他（她）的改變即將到來。

O 智慧作答

- 我知道去一間新的幼稚園有很多困難，但是我知道你勇敢而堅強，並且你能夠做到。
- 你到新的幼稚園後，我們可以請一個新的小同學到我們家來玩。
- 我知道你不想去新幼稚園，但是這所幼稚園離我工作的地方很近，這樣我還可以經常和你一起吃午餐呢，多棒啊！

我一點都不睏，為什麼要午睡？

X 錯誤回答

- 要你休息你總是皺眉頭，我早就受夠了，閉嘴，到你的房間去。
- 我要說多少次你才能午睡一會兒？

□問題分析

第一個回答簡直是在告訴告訴孩子，是他（她）使你噁心和厭倦，他（她）會認為你的愛是有條件的，同時這也是在以強凌弱，這種行為是你不想讓他模仿的。

第二個回答是在乞求，但是乞求並不能夠達到你想達到的目的 —— 你孩子會合作，但是它將產生一個連鎖的負效應 —— 教會他（她）乞求。

三四歲的孩子常常在筋疲力盡的時候還聲嘶力竭地反對午睡。或許反對是因為他（她）發現了雙重標準：你忙著做事，那麼他（她）為什麼不行？讓他（她）知道午睡時間你也休息。如果他（她）知道你將停止手中的工作去休息，他（她）也會那樣做的。

O 智慧作答

· 當你安靜的休息一段時間之後，我們就可以讓你的朋友在傍晚時過來玩。

· 現在我們兩個都開始靜靜的午睡，那麼下午我們就會精力旺盛。

Q158

那個小床才是我的床，我為什麼要睡大床？

X 錯誤回答

· 別再抱怨，你是大孩子，睡嬰兒床的時代過去了，你必須到大床上睡覺去。

· 如果你睡大床的話，我就睡到你旁邊，一直陪到你睡著為止。

□問題分析

第一個回答是缺乏同情心的表現，這只會告訴孩子，別想從家長那裡得到情感支持。孩子可能會順從，但那是出於害怕不被你接納，所以孩子也自然學不會如何應對變化帶給他（她）的恐懼心理。

第二個回答是一種變相的賄賂，可想而知，接下來的很長時間內，你真的需要陪在孩子的旁邊，直到他（她）入睡為止。

孩子到了兩歲的時候就需要搬出他（她）的嬰兒床了，但是他（她）並不認為自己已經是個大孩子了。記住，對於兒童來說，做出改變是困難重重的，搬出自己舒適的窩他（她）會很沮喪。至少在搬遷之前兩週要積極的和他（她）談論，並計劃一次性做多個重大改變，不要迫使他（她）多次去適應每一次改變。比如，讓他（她）搬到大床上去睡，重新布置他（她）的房間，換上新窗簾都一次性完成。如果你認為你的孩子逐步經過幾次小的改變會更好的話，就那樣做吧，你最了解你的孩子。

家長要注意的是，要確保你的孩子睡在大床上而不至於掉下來。如果有必要的話，在床邊設置臨時護欄以保護他。在 6 歲之前，不要讓孩子睡在上鋪的床位上。鼓勵你的孩子帶一些夥伴和他一起上床（布娃娃、玩具等等），以幫助他完成轉變。

O 智慧作答

· 寶寶你很勇敢，可以自己睡在一張大床上，我會在這裡睡一會兒，直到鬧鐘提示我也要休息時，我再到自己的床上睡覺。

· 你的新床看上去很大，我們可以躺在上面一起讀故事書。

我為什麼要幫你照顧弟弟呢？

X 錯誤回答

· 你把我的話當耳邊風嗎？不聽話的孩子，趕緊過來幫我一把。

· 你有沒有良心，我每天為你忙這忙那，需要你幫忙的時候你就袖手旁觀了？

· 我一會兒出去找一個可以幫助我照顧你弟弟的小孩去！

□問題分析

第一個帶有命令式的回答，是在讓孩子服從你的指令進而達到你的目的，這樣做無助於他（她）形成真正同情、關愛和幫助他人的動機。

第二個回答降低了孩子的自我價值感，損害了他承認錯誤的能力，也破壞了你和孩子的關係。說出他（她）的缺陷就發出了一個錯誤的資訊 —— 他（她）的行為決定了他是個什麼樣的人，這當然對孩子的成長不利。

第三個回答就是在用恐嚇來調動你的孩子。你聲稱會放棄他（她），並不能教會他（她）幫助別人。而這只會告訴他（她）你的愛是有條件的 —— 愛的存在與否取決於他（她）的行為。為了獲取你的愛，他（她）最終可能會合作，但那不是因為他（她）同情你或他（她）的弟弟。他（她）還會得到危險而錯誤的教訓：這是必須做的事情。

事實上，你不停的請求你的孩子幫你拿尿布給他（她）的弟弟，他（她）越是無視你的要求，你就越憤怒。不要發牢騷或者是乞求他（她），利用這個機會來理解他的想法：他（她）嫉妒這個弟弟？他（她）沒有聽到你說話？他（她）理解了你的請求了嗎？還是他（她）在忙於自己的事呢？了解他（她）的情況將有助於你選擇如何教他（她）支援別人並與別人合作，這將讓他（她）對自己滿意，也會使別人對他（她）有好感。

O 智慧作答

· 我真的需要你的幫忙，你是多麼好的一個小幫手啊！
· 如果你現在能幫我一下，我們一會兒可以一起進行你的事情。

Q 160

媽媽不愛我了嗎，為什麼不背著我走呢？

X 錯誤回答

· 你為什麼不能夠自己走路？你長大後想變得又胖又懶嗎？
· 如果你自己走的話，我就買霜淇淋給你。
· 你沒有看到我筋疲力盡了嗎？你只考慮你自己，現在你要自己走了。

□問題分析

第一個回答，對孩子說他（她）會變得又胖又懶，並不能向他（她）說明如何解決他（她）想要被背著的需求，而且這會成為一個自我實現的預言。給孩子提供另外一種選擇，告訴他（她）你珍視他想依偎著你的願望，並且你想和他一起找到這樣做的最佳方式。他（她）所學的將是很好的合作精神。

第二個回答是用食物賄賂孩子，是在告訴他（她），他（她）在做你要求的事情時應該得到獎勵。這也把食物和你所提要求放在一起了 —— 這是一種危險的辦法，會導致孩子飲食失調和肥胖症。

正確的做法是，向孩子提供一些有吸引力的事情，表明你對孩子的需求很重視，而且也沒有犧牲你自己。

第三個回答會讓孩子有嚴重的內疚感。負疚感並不能夠鼓動孩子行走，以使他更加獨立。而且這樣會教會他，為了不傷害你而遵從你。你應該不想在說出自己的感受時，讓他膽戰心驚吧！積極的去表揚孩子，鼓勵他繼續走，他會對自己所取得的成就就會有自豪感並將增加他的信心。

父母的懷抱總是那樣的溫暖，舒適。你幾歲的孩子懂得珍惜這一點，並想充分享受 —— 只要可能就滿足他（她）的願望吧！然而，當你不可能再背著孩子的時候，要記住在不破壞你們之間的關係和你的關愛這一個前提下，你可以幫助他（她）自己走。

O 智慧作答

· 我希望我能夠背著你，但是我兩手占得滿滿的。當我們到家的時候，你可以坐在我的膝上，我讀書給你聽。
· 很抱歉我現在不能背著你，不過，當我們停下來的時候我們可以手拉手。
· 你自己走得很好，我知道你可以堅持更長時間。

Q161

人為什麼用鼻子觀察東西呢？

X 錯誤回答

· 傻孩子，鼻子怎麼能看東西呢？

□問題分析

說到「觀察」，大家都會想到用眼睛看。實際上，多數人理解的「觀察」都是狹義的，世界上大多數事物若想真實的感受，光用眼睛是不夠的。
平常生活中用眼睛的次數最多，要是同時調動其他器官來「觀察」我們的世界，那又能獲得一種新鮮的體驗。所以，在激發孩子的觀察潛能時，家長不應該讓孩子的注意力僅僅放在眼睛上，而應該想辦法調動各方感官去認識事物，這樣可以全方位的鍛鍊孩子的感官能力，加深對事物的認識。讓小孩子從小對「觀察」有一個廣義的理解。

O 智慧作答

· 寶貝，用眼睛只能看到形狀，但是好多東西，比如一朵花，它不光有形狀，還有味道，這種味道就要用鼻子來「觀察」了。

Q162

為什麼洗衣機能把衣服洗乾淨？

X 錯誤回答

· 這還用問，因為它就是洗衣服的機器。

· 不知道，問你爸去。

□問題分析

洗衣機當然是洗衣服的機器了，你不說孩子也知道，孩子問你的是洗衣機的工作原理。這樣的回答不是孩子想要的答案，因此第一個回答等同沒回答。第二個回答，會讓孩子有一種受冷落的感覺。如果當家長的經常這樣回答孩子，會讓孩子對家長感到失望，漸漸的他（她）不再會問你什麼問題，也不願意再跟家長溝通，這樣的結果，恐怕是任何家長都不願看到的吧！

隨著現代科技的發展，人們生活水準的提高，各種家用電器進入千家萬戶，冷暖氣機、洗衣機、電冰箱、電視等等，這些家用電器方便和改善了人們的物質生活，受到了人們的歡迎。孩子當然也是這些家用電器的受益者，他們驚嘆這些家用電器的工作「能力」，但往往對這些家用電器的工作原理卻不了解，所以他們常會好奇的問家長一些有關家用電器工作原理的問題。

面對孩子這樣的問題，當家長的應該將這些家用電器的工作原理科學的解釋給孩子們聽，這樣不僅能使孩子們學到相關的物理知識、工作原理、操作方式、生活常識外，還能引導孩子正確的使用各種家用電器，讓家用電器更好、更安全的為孩子、為家庭服務。

O 智慧作答

· 等一會兒，媽媽看看說明書，然後再告訴你好嗎？

· 寶貝，一臺小小的機器，又沒有搓衣服的「手」，就能代替媽媽把衣服

洗乾淨，你一定覺得很奇怪吧！其實，洗衣機的本領大著呢，雖然它沒有手，但同樣能把衣服洗乾淨。原因是在洗衣機中間有個圓筒。圓筒中的波輪在電動機的帶動下，左一圈、右一圈。不停的攪動水流。於是，髒衣服之間、髒衣服和水流之間，就不斷的進行摩擦、衝撞，這就像有許多手在搓洗衣服一樣。所以洗衣機就能把衣服搓乾淨了。然後再進行幾次漂洗，衣服就洗乾淨了。

Q163

你們憑什麼管我？

X 錯誤回答

· 再頂嘴我就打你！

· 你怎麼這麼沒大沒小的！

□問題分析

很多情況下，孩子頂嘴是在嘗試從電視裡或隔壁大孩子那裡所學到的東西，他們在頂嘴的時候，往往自己意識不到這種行為是錯誤的，但父母必須意識到：你可以允許孩子對某些問題持反駁的態度，讓孩子與父母一起就某一個問題進行討論，因為這樣可以培養他們的主見，但無理取鬧式的頂嘴只會助長孩子養成不尊重他人的壞毛病。這不論對父母，還是對孩子來說，都是一件不利的事情，所以必須制止，沒有商量的餘地。

第一種回答是採用恐嚇的態度，讓孩子不再與你頂嘴。但同時，它也會起到反作用。經常用這種粗魯生硬的語氣責罵孩子，只會讓孩子覺得父母在濫用權威，反而會更加重他們的叛逆心理。

第二種回答太過重視父母的面子和尊嚴，但孩子的感受同樣不容忽視！況且，光是責備孩子，向孩子發脾氣，也不見得能夠教會孩子懂得尊重的道

理。相反的，還可能會惹孩子反感，破壞了父母在孩子心目中的好形象。所以父母應謹記凡事以身作則，尊重孩子的感受，從而讓他明白尊重他人的道理。

O 智慧作答

- 你這樣說話是在頂嘴哦，不可以這樣的。
- 我知道你的想法也對，但你的態度讓我很難受，要是你能換一種態度我會更高興。
- 你平時不是這樣跟媽媽說話的，今天是不是學校什麼事情讓你不開心呀？也許我能幫你。

Q164

這個我不會，可不可以幫幫我？

X 錯誤回答

- 你這個孩子，怎麼什麼都不會呀！

□問題分析

家長先別忙著批評孩子什麼都不會，先考慮一下孩子為什麼什麼都不會。沒有一個人一生下來就什麼都會做，他的能力都是後天培養和鍛鍊的。如果你責備孩子什麼都不會，那只能怪你沒有鍛鍊和培養孩子的自理能力了。所以，可以說，你是沒有任何資格這樣責怪孩子的！

而且，這樣的話也會傷害到孩子幼小的心靈，他會覺得自己真的很沒用，什麼都做不了。經常這樣，孩子就會變得自卑、懦弱，做事沒有信心，相信你是不希望孩子變成這樣的吧？那就別用這樣的語氣批評孩子！

孩子動手能力差主要與家長的養育方式有關。很多父母都喜歡包攬一切，凡事由自己動手：也有的父母低估孩子的自主能力，覺得孩子這也做不了那也做不了；還有的父母怕耽誤到孩子的學習，甚至認為孩子只要學習好，其他事不必會做等等。

俗話說：「眼觀百遍，不如手做一遍。」讓孩子多動手是促進孩子智力發展的重要途徑，透過手的活動，可以促進大腦各個區域的發育。我們經常說「心靈手巧」，其實，手巧才能心靈。動手能力強還可以使孩子更加自信、勇於探索。在鍛鍊孩子動手能力的過程中，責任心、愛心、恆心都能得到培養。

不難理解，當孩子缺乏生活自理能力時，父母要及時對其進行培養。在孩子小的時候，可以讓他學會自己整理自己的玩具，自己完成洗手、洗臉、脫衣等小事情。等孩子大一點，可以讓他自己打掃房間、洗一些小物品，如手帕等，幫助爸爸、媽媽拿一些較輕的物件。

再大一點，可以負責給花澆水、洗碗、拖地、整理衣服等等。這樣不僅能夠鍛鍊孩子的自理能力，還可以培養孩子較強的自主意識。父母也要及時給予孩子適當的鼓勵，當孩子做不好時不要心急的馬上替他做，更不要輕易責怪他，打擊孩子的自信心，可以給予適當的指導。

O 智慧作答

· 媽媽很希望看到你自己動手做哦！來，試試看！

Q 165

我從超市拿了巧克力，沒有人看見，我是不是很棒啊？

X 錯誤回答

· 你怎麼能這麼做？這是小偷的行為！

□問題分析

不要這麼急著給孩子的行為下結論，一次兩次的行為還不至於構成「小偷」，況且孩子也許還不知道什麼叫「小偷」呢！如果你這樣批評孩子，只會傷害孩子的自尊心，讓孩子覺得自己的行為是可恥的，自己也不再是個好孩子，有時候甚至會導致孩子「破罐子破摔」。

面對這情況，對待孩子的這種行為，你既不能反應過度，覺得孩子成了可惡的小偷，也不能掉以輕心，把孩子偷東西看作是「借」東西而視而不見。你能採取的最好辦法，就是一步步的培養孩子的誠實行為，並讓孩子改正這樣的錯誤。

除此之外，在孩子沒有能力控制自己的行為前，你要對他的行為加以控制，不僅要注意孩子的安全，還要注意他的行為。如果你看到孩子覬覦某一件東西時，千萬不要視若無睹，要及時制止他。

另外，事情過去了就過去了，不能總提這件事，否則會傷了孩子的自尊心的。過幾天你可以告訴孩子，你已經很信任她了，相信不會再發生偷東西的事；他可以像以前那樣去超市幫你跑腿。經過了這次「風波」，孩子應該懂得自己該怎麼做了。

O 智慧作答

- 能告訴媽媽你為什麼這樣做嗎？是因為你真的喜歡巧克力嗎？但這些東西是我們需要付錢才能買回來的，你不能隨便拿走。
- 如果你想得到巧克力你可以告訴媽媽，我也許會給你買。當然你也可以自己存錢買，或者等到你生日時，把想得到的東西告訴爸爸媽媽，你也會得到滿足。但你這樣隨便拿走別人的東西是不對的。
- 我不同意你從那裡拿走任何東西，那裡的一切都是別人的，而不是你的。我有責任不讓你拿別人的東西，直到你自己知道什麼是對什麼是錯的年齡。

Q166 小朋友都說我是小霸王，我是不是很厲害啊？

X 錯誤回答

· 恩，我們都知道你的厲害了，我的小霸王！

· 我警告你，不准這樣！

□問題分析

這個回答孩子會怎麼想呢？他會認為媽媽也接受他這樣了，還叫自己「小霸王」呢！多威風啊！霸道的習性便慢慢養成了。孩子根本不會覺得自己的行為不當，媽媽都沒說話，也沒有罵自己，當然可以繼續做他的「小霸王」了！不准這樣！那我應該哪樣？這就是第二個回答給孩子帶來的反思。幾歲的孩子還沒有一套完整的是非概念，他不明白媽媽不讓他這樣的原因，也不知道，應該哪樣才對，即使他知道自己這樣錯了，也不知道該怎麼樣做才對。所以父母明智的做法不是「警告」孩子「不准這樣」，而是告訴孩子換個方式說話，要跟他們講道理。

其實孩子的情緒與父母的態度是息息相關的，當孩子發現父母因為不喜歡他這一點而難受，他也不會高興，所以他會由顧及父母的感受開始，在父母的協助和指導下，嘗試改善自己的態度。

再者，父母不能為孩子立下好榜樣，孩子又怎會知錯，又怎會下定決心改過呢？所以父母跟孩子溝通時，要跟孩子講「道理」，直指孩子做錯的地方，謹記「以身作則」這個我們一再強調的育兒要訣。

O 智慧作答

· 別用那種方式對待別的小朋友，好嗎？我可不想成為小霸王的媽媽哦，我相信你會關心別人的。

Q 167

小花那麼大了還尿褲子，她是不是很丟臉啊？

X 錯誤回答

· 你還知道笑別人呢，你在……還不如人家呢！

□問題分析

即使你的孩子真的在某一方面不如別人，也不要這樣對他說，雖然你的目的是想讓孩子不要嘲笑別人，但這樣的口氣是不對的。孩子不僅不會因為你的話而理解嘲笑別人的壞處，甚至還傷害到他的自尊心，讓他開始覺得自卑，「原來爸爸媽媽一直都認為我不如別人呀！」雖然你不喜歡自己的孩子嘲笑別人，但你也一定不願意看到孩子因此而自卑吧。

孩子的言行離不開家庭和周圍環境的影響，可能你也發現了，孩子在與小朋友交往時，經常會嘲諷別的小朋友。也許你覺得這只是孩子之間的小事情，不值得大驚小怪。但實際上，孩子如果經常這樣，就會導致他的人際交往出現偏差，影響與其他同學的友好相處，對孩子的成長有害無益。

一般來說，孩子愛嘲笑別人與成人對孩子的影響有關。如果你經常議論鄰居的孩子又髒又不懂事，一副呆頭呆腦的樣子，孩子聽後，在某個時候遇到了鄰居的孩子，也會嘲笑他：「看你那傻樣子，呆頭呆腦，我才懶得理你呢！」或者是自己的家庭生活條件比較優越，這就滋長了孩子虛榮自傲的心理，比如孩子經常穿漂亮的衣服，那麼在看到穿舊衣服的孩子時就嘲笑他：「舊衣服你還穿，真難看！」

孩子經常得到大人的誇獎，就會認為別人處處都不如自己，導致愛嘲笑別人。比如你經常在別人面前誇自己孩子兩歲時就不尿床了，那麼當孩子看到別家孩子尿床時，就會嘲笑：「這麼大了還尿床，沒出息！」

現在，你也許就知道了吧，孩子的心理和行為往往都與你的教育方法有關，所以在平時教育孩子時，一定要注意言傳身教。如果孩子有了嘲笑別人的行為，父母應及時勸阻或制止，並且讓孩子看到別人的優點，「其實他的學習成績很好的，這應該值得你學習呀！」同時也應檢點自己的言行，幫助孩子樹立正確的是非觀，從而改掉孩子的不良行為。

O 智慧作答

· 但是你也和我們說過，小花懂得幫助老師收拾玩具和教具，這一點還是值得你學習的呀！

Q168

為什麼用「馬馬虎虎」來形容一個人粗心大意？

X 錯誤回答

· 不太清楚，去問你老師吧！

□問題分析

問這個問題的孩子大多是已經上了幼稚園的孩子了，他（她）也可能經常聽大家說起這個詞，也可能老師用這個詞語批評過他（她）或別的小朋友。這個用來形容一個人粗心大意的詞語並不是什麼難題，沒有必要讓孩子去問老師，孩子可能也不會把這個問題一直放在腦子裡，因此，及時解決這個問題才是關鍵。

O 智慧作答

· 這裡面有一個故事，寶貝，我來講給你聽，聽完你就明白了。

在過去某個朝代裡，有一個畫家，作畫隨便塗抹，令人搞不清他畫的到

底是什麼。有一次，他剛畫好一個老虎的頭部，遇到有人來請他畫馬，他就隨手在虎頭後畫上馬的身子。來人問他畫的是馬還是虎，他答：「馬馬虎虎。」來人不要這幅畫，他便將畫掛在廳堂。大兒子見了問他畫裡是什麼，他說是虎，二兒子問他畫裡是什麼，他卻說是馬。

不久，大兒子外出打獵時，把人家的馬當老虎射死了，畫家不得不給馬主人賠錢。他的小兒子外出碰上老虎，卻以為是馬想去騎，結果被老虎活活咬死了。

這教訓實在太深刻了，從此，「馬虎」這個詞就流傳開了。

寶貝，你知道了「馬馬虎虎」的這個詞的來歷了，以後做事不要粗心大意呀！

Q169

為什麼老師從來都不表揚我？

X 錯誤回答

· 一定是你成績不好，老師才不表揚你的。

□問題分析

每個孩子都希望自己的成績得到老師的肯定，在這種情況下，如果父母對孩子說：「肯定是你不好，老師才不表揚你！」孩子一定會很傷心的，因為，為了得到老師的表揚，他已付出了很大的努力。孩子努力了，卻沒得到老師的表揚，心裡本來就比較惱火，本來是想告訴父母，在父母那裡得到一些安慰，可是沒想到父母比老師還可怕，把孩子的成績也給否定了，這能不讓孩子難過嗎？他以後還有信心去爭取老師的表揚嗎？

O 智慧作答

· 你是個很優秀的孩子，爸爸媽媽很喜歡你，老師也一定很愛你，只是不願意說出來罷了！

Q170

媽媽，我的腿不能走路了，以後怎麼辦呀？

X 錯誤回答

· 哎，你這輩子可完了，怎麼辦呀？

□問題分析

孩子身體有缺陷，本來就已經很自卑，對自己沒有信心了，父母的一句：「哎，你這輩子可完了，怎麼辦呀？」更讓孩子覺得自己的眼前一片黑暗，沒有一絲光明，嚴重者會喪失生存下去的勇氣。

生理上的缺陷，必然會在心理上產生一定的影響。有生理缺陷的人往往為自己的缺陷而感到自卑、沮喪；當別人真心實意幫助照顧他時，他卻感到自己是拖了別人的後腿，覺得面上無光，消極厭世；學習上碰到困難容易心灰意冷，認為反正自己低人一等，學了也沒出息，缺乏進取心。他們大多數性情孤僻，性格內向，內心世界十分複雜，也十分敏感，別人的一個表情、一個動作都可能引起他們的疑慮。父母對這類孩子要特別細心，千萬不要傷害他們的心靈。

一個有生理缺陷的孩子，如果他能得到父母、兄弟姊妹的關心愛護，那麼，他就會有較強的自信心。讓孩子經常聽到「不要緊，要知道心靈健康比身體健康更重要」這句話，可以使孩子「身殘志不殘」。其實，家長要做的，就是承擔起殘疾孩子心理、生理的雙重教育任務，讓孩子也像正常健康人一樣，享受到人生所有的幸福和快樂。

為有缺陷的孩子創造一個美好的家庭環境，這是做父母的必須做到的一點。一般來說，這樣的孩子待在家裡的時間較長，家庭環境的好壞會直接影響到他們的心情，比如是否愉快，學習是否安靜，生活是否方便等等諸多問題。家長應多關心孩子的學習和身體，使他們不覺得孤獨，備感家庭的溫暖，樹立獨立思想，培養自立能力，使他們感到自己也能與健康孩子一樣自立自強。

O 智慧作答

· 寶貝，你要勇敢，世界上有很多比我們還要困難的殘疾人，他們都能照顧好自己，並且幫助了身邊很多人，還有很多人為國家做出了貢獻，我相信，有一天你也會做得到。

Q171 地上的小石頭能變成珍珠嗎？

X 錯誤回答

· 不能！你再這樣說，別人聽到了會笑你。

□問題分析

這樣的回答，也許會使孩子閉嘴，也很容易打消孩子的求知慾。在大人感覺習以為常的世界，小孩通常會發現一些小「問題」。這是因為在小孩心裡充滿了探索和求知的欲望，他們的思想不受世俗約束，常常稀奇古怪。大人聽到他們的奇怪的問題後，不要驚訝，不要生氣，應該欣賞孩子的求知和探索的勇氣，鼓勵孩子大膽說出自己的問題，這對孩子的勇氣也是一種鍛鍊。

小孩子提出這種問題，可能是他覺得很有趣又想了很久，家長聽到這種問題，心裡面的第一個反應肯定是否定的，如果又直接把這種否定脫口而出，

孩子即使不再問這樣的問題，也會打消他問其他問題的欲望。所以，即使家長在心裡否定了，也不能立即說出來，讓孩子的這份求知的熱心能持久一點！

O 智慧作答

· 寶貝！這個問題問得太好了，媽媽也在想這個問題，只是媽媽一時間忘了答案。這樣吧，你再問媽媽一個別的問題，看媽媽能不能回答你？

Q172 如果卡通裡的怪物跑出來，我們該怎麼辦呢？

X 錯誤回答

等一下，爸爸想好了再回答你！

□問題分析

這樣的問題，確實有點兒不好回答。畢竟，幼小的孩子對世界的看法不是建立在邏輯和事實的基礎上的。所以，即使是一些虛構出來的東西，也會引起孩子的好奇。孩子這樣的問題，通常有他自己的想法，而孩子發問的時候，就是他對事物注意力最集中的時候，馬上做出回答效果最好。但是，假如大人因為忙，錯過這個時間後，孩子可能就把這個問題忘了。

這時候，家長如果手頭真的很忙，可以對孩子發問，這樣能引導他們將問題往深處想，激發他們的思維。

既然孩子提到卡通中的怪物，家長不妨也暫時進入動畫世界，想想在卡通中怪物的下場，然後再回答孩子，這樣效果會好很多。

O 智慧作答一

· 你認為呢？

· 我們可以把卡通中的英雄請出來對付牠呀！

Q173

為什麼把光碟片放在「小盒子」裡就會有卡通啊？

X 錯誤回答

· 因為那個小盒子是個播放機，跟電視機一起運用它們的工作原理來播放碟片。

□問題分析

小孩子大腦中的詞彙和理解能力畢竟有限，假如這樣回答，孩子肯定不懂，還要問什麼是「工作原理」，因為他不可能知道電視、播放機等電器的工作原理。這時候，給予合理的回答，可以促進孩子的語言和思維的發展。家長要認真應對孩子的問題，想辦法用形象生動並且孩子能聽懂語言來回答，不要給他們在舊疑惑之上製造一些新的疑惑。

O 智慧作答

· 因為那個小盒子和電視機一起組成一個播放光碟片的工具，透過這個工具，電視裡就有卡通了。

我能像魔術師那樣變出一杯飲料嗎？

X 錯誤回答

· 那是假的，騙人的把戲。

□問題分析

魔術、幻術、雜技等，這些舞臺上變幻莫測的表演時常讓觀眾驚嘆不已。大變活人、走鋼絲等等，一個個匠心獨運，妙趣橫生，無不引起人們對它們的興趣，更何況是小孩子，他們除了驚奇之外，就是羡慕了！但魔術、雜技等又不是騙術，有著嚴密的科學性。

因此，當孩子對他們眼前的奇異現象產生好奇和疑問時，家長應該趁機啟迪他們探索、思考能力，開發他們的智力，幫助他們揭穿其中奧妙，發現生活情趣！

比如家長可以帶著孩子參與到一些簡單的小魔術中，讓他們也體驗到當「魔術師」的快感，這樣給他們帶來快樂的同時，又可以開發他們的智力，何樂而不為呢！

O 智慧作答

· 這裡面有一定的祕密，來吧！爸爸教你玩一個小魔術，你也會像魔術師那樣「變」出你想變的東西來的！

Q175

為什麼說咖啡能提神呢？

X 錯誤回答

· 來，你嚐嚐，喝一口你就知道了！

□問題分析

世間萬物，都有其特殊的功用。有經驗、有條件的人們，會利用一些事物的特殊功用，來提高我們的身體機能，達到自我保健的目的。但孩子們不了解這些，就會問一些類似的問題。做家長的一定要善於抓住機會，對孩子進行教育，將一些食物的特性和功用講解給孩子們，讓他們早早的學會運用身邊的食物進行自我保健，可以快速增強孩子的生活能力。

其實讓孩子喝咖啡對身體不好，家長也不應該鼓勵孩子喝咖啡，這時候家長只要用孩子能聽得懂的語言，簡略的把原因告訴他就行了！

O 智慧作答

· 這是因為咖啡裡面含有一種叫咖啡因的東西，咖啡因是有提神作用的。至於咖啡因是什麼東西，等你長大了你就知道了！

Q176

為什麼樹木會在春天長葉子？

X 錯誤回答

· 因為其他季節樹木不能發芽長葉子。

□問題分析

每一種植物的生長，都有它生長所需要的節令、環境，並不是所有的樹木都在春天發芽長葉。有經驗的大人，通常不把這些當個問題來思考，因為這種問題看起來沒有任何意義。

如果孩子問這樣的問題，家長一定盡量把最科學的答案告訴孩子，讓孩子從小就對植物的生長習性有一些正確的認識，並且盡可能引導他們愛護植物、保護環境，這樣有助於他們對自己生存環境的認識，不要隨隨便便的應付孩子。

O 智慧作答

· 樹木就和我們人一樣，一般都有固定的休息時間，到了冬天都休息了；春天，樹木睡醒了，就開始活躍起來，長身體了。

Q177

晚上看電視時，開著燈好，還是關著燈好？

X 錯誤回答

· 關著燈吧，這樣省電，也能看清楚畫面。

□問題分析

在我們日常生活中，有很多科學的生活常識，許多人並不知道，就根據自己的理解來做。孩子對生活中的一些常識，更具有盲目性，孩子這時候就容易受到大人的影響，或是根據自己的理解想當然爾的去做。針對這樣的問題，應該鼓勵和提倡孩子養成正確的生活習慣。

其實，看電視時，無論是開燈還是關燈，都不好。關燈的話，背景會很暗，時間長了眼睛容易疲勞，還容易增加體內維生素的消耗。如果開燈的話，電視螢光屏就會顯得灰暗，使圖像變得淡化並且層次不清，會影響收看效果。最好是在室內的側壁上安上壁燈，看電視時把壁燈打開。

如果家裡面沒有壁燈的話，可以想辦法把孩子的問題引開，不正面回答，透過一些情感的引導，讓他們感受到另一種東西，比如父母對他的關懷。

O 智慧作答一

· 開著燈不好，關著燈也不好，應該把壁燈打開，這樣做才是最健康的。

O 智慧作答二

· 寶貝，無論開著燈看，還是關著燈看，都對眼睛不好。你的眼睛要是受到了傷害，你自己也不舒服，爸爸媽媽也會很心疼的。所以，你每天少看一點電視，看電視的時間越短，對你的眼睛越好！

Q178

為什麼吸塵器能把地上的垃圾吸進去？

X 錯誤回答

· 因為它就是吸垃圾的機器。

□問題分析

現代科技的發展，各種家用電器走入千家萬戶，極大的方便和改善了我們的生活，孩子生活在這樣的環境裡，難免會對身邊的這些電器產生好奇心。他們雖然驚奇於這些電器的「能力」，但對他們的工作原理卻不清楚。身為家長，有責任將這些電器的工作原理科學的解釋給孩子聽，好讓家用電器更好的為我們的生活服務。

孩子用了很大的好奇心問了這個問題，家長這麼簡潔的一句回答，會讓孩子感覺不滿意。當然，家長也不一定馬上就把吸塵器的工作原理詳細的說給孩子聽，一般情況下，孩子也聽不明白。

這時候，可以引導孩子進行一些實際操作，用實際操作幫他了解吸塵器的工作過程，還可以激發孩子的工作興趣。

O 智慧作答

· 吸塵器是個很好玩的東西，你想知道它是怎麼把垃圾吸進去的是嗎？媽媽可以教你怎麼用它，寶寶這麼聰明，也許你一用就知道它是怎麼把地上的垃圾吸進去的了！

Q179
為什麼發霉的菜不能吃？

X 錯誤回答

‧發霉的東西怎麼可以吃呢？你看過誰吃發霉的菜？

□問題分析

「民以食為天」，安全飲食，是我們我們的健康和生命的保障。大人多少都會掌握一些健康飲食的方法，小孩子初涉世事，關於食品安全方面的經驗一片空白，有的只是好奇和不解。但是，食品安全對小孩子又是那麼的重要，所以，面對孩子這樣的問題，家長尤其要小心在意，認認真真的回答孩子的問題。

大人當然知道發霉的菜有細菌，甚至有毒。這時候就可以抓住教育的機會，告訴孩子更多的飲食安全方面的知識。這時，家長最好能結合實際生活中的例子盡可能把安全飲食的一系列知識傳授給孩子，讓他們學會一些基本的自我防護，為孩子的健康成長多加一分保險。

O 智慧作答

‧發霉的菜裡面有很多眼睛看不到的小細菌，這些細菌是有毒的，人吃了很容易就中毒生病。不光是發霉的菜，其他的比如發芽的花生、土豆等都有細菌，都不能吃，寶寶一定要記住這些，平常多注意一些，這樣才能健健康康。

Q180

爸爸，我能見到外星人嗎？

X 錯誤回答

· 不知道，我們都沒見過外星人。

□問題分析

人類的好奇心總是永無止境的，像這些外星人之類的未知領域的事物，目前科學界尚未弄明白，當家長的當然不知道怎麼給孩子正確的回答。但是未知並不代表永遠不可知。

身為家長，這種冷漠的回答會肯定不能滿足孩子。應該積極的鼓勵孩子的探索精神，激發出他們的求知慾。這樣，不僅有利於孩子健康成長，而且會傳承人類的探索精神，拓展人類的心靈空間。

O 智慧作答

· 這個問題呢，爸爸現在還不能告訴你準確的答案，因為這個問題連科學家們都還沒有確定。不過，關於外星人的東西都很有趣，你要是想了解更多的外星人方面的內容，可以多看一些這方面的書或者上網查找這方面資料。

Q181

為什麼大家都說應該保護環境？

X 錯誤回答

· 因為保護環境就是保護我們自己。

□問題分析

這樣回答，看起來沒什麼問題，可是小孩子理解能力有限，他可能連什麼是保護環境都不知道，也不可能把保護環境昇華到保護我們自己的層面，所以這樣的回答，會使小孩子更加迷惑。

目前，環境汙染問題是困擾全人類的重大問題，威脅著我們的生存，小孩子生活在這樣的環境中，肯定也會見到或聽到與保護環境有關的話題，就會產生一些疑問。

身為家長，我們要時刻關注我們的生活環境，然後正確的給孩子講解保護環境的意義，並且把保護環境的一些小常識、方法等一系列知識教給他們，讓孩子早早的學會為自己的生存環境著想，在乾淨的環境下健康成長！

其實，家長可以告訴孩子一些離他們很近的與環境有關的人類活動，讓他們感覺到保護環境的重要性。

O 智慧作答

· 因為我們平常食物中的瓜果蔬菜、禽肉魚蛋等，大多數來田野，如果不保護環境，這些動植物的生長環境就會很容易受到汙染，在他們的體內就會集聚一些有害物質，人要是吃了這些動植物加工而成的食品，就容易生病，影響我們的身體健康。所以你也要學會保護環境，比如不隨便丟垃圾，見到地上有垃圾，就把它撿起來扔到垃圾桶裡。

Q182

月亮是怎麼形成的？

X 錯誤回答

· 我也不知道，你自己去看看書，不要什麼問題都問，等著別人告訴你，自己沒一點刻苦學習的精神。

□問題分析

教育孩子比較忌諱的就是擺出一副教訓人的樣子，這樣的回答，不僅不能激發孩子鑽研學習的興趣，反而會激發出孩子的抵觸情緒，直接消減孩子的探索的積極性。

其實對於自己生存環境的關注，這是一個孩子成長的必經階段。況且從人類誕生之初直到今天，對地球、星星、月亮等天體的起源一直都有很多的關注，孩子提出這個問題，說明他們也對這些問題產生了好奇。當孩子提出這種困惑人類的大難題時，家長應該以積極正面的態度幫助孩子增加知識、激發探索精神。

O 智慧作答

· 這個問題爸爸也想知道，我們一起去買些這方面的書吧！相信從書裡面會找到我們要的答案的。

Q183

我想請聖誕老人到我們家做客，可以嗎？

X 錯誤回答

· 沒有聖誕老人，你見到的聖誕老人是一些老爺爺假扮的。

□問題分析

小孩子畢竟閱歷有限，他們還不具備真正的邏輯思維，常常無法區分那些讓人信以為真的事情和真實的情況。面對這種類似的問題，家長應該仔細推敲孩子的問題，並且根據孩子的接受能力和年齡特點作出合理的回答。

或許一時間家長很難改變小孩子對一些問題的看法，但是當他到了學齡階段，邏輯思維能力和理解能力都會飛速成長，對這個世界的認識就會漸漸的

發生變化，慢慢的就會接受很多東西。所以，不必要急著把一些能激起他們美好心願的虛幻事物說清楚道明白，那樣會直接傷害到他們幼小的心靈。

O 智慧作答

· 這個問題，媽媽也不確定，不過你記著，所有的聖誕老人都最喜歡像你這樣的小孩子。

Q184
路邊的那棵樹能長到像天一樣高嗎？

X 錯誤回答

· 小傻瓜，樹怎麼能長得像天一樣高呢？

□問題分析

年幼孩子一般都對花草樹木有著濃厚的興趣，他們會覺得這些植物跟他們一樣有感覺。如果孩子提出了這樣的問題，家長應該引導他們正確的認知事物，把這些問題的答案告訴他們。
很顯然，這樣的回答不但沒有告訴他想要的答案，還會激發他繼續往下問。不如直接告訴他樹木是不可能長得和天一樣高的事實，並且鼓勵孩子到書中或網路上找他想知道的科學答案，教導他一些探尋事物答案的好途徑，讓孩子學會享用資訊的自助餐，這比什麼都好！

O 智慧作答

· 樹木是不可能長得和天一樣高的。至於具體的原因，現在爸爸不能跟你講清楚，你可以自己到書中，或者上網找到你想知道的答案。

Q185
龍捲風是「龍」捲的嗎？

X 錯誤回答

· 是，還很嚇人呢！

□問題分析

在古代，科學和文明不發達的環境下，人們對大自然中的一些令人恐慌的現象有一種無知和迷信，在這種心理作用下，常常會歪曲一些自然現象。到了今天，同樣的資訊在傳達給孩子的時候，就會引起他們的好奇。面對孩子這樣的問題，光是不附和一些迷信答案是不夠的，還應該告訴孩子一些科學知識，幫助孩子獲取科學答案，激發孩子的科學探索興趣。

其實，龍捲風是大氣中氣流激蕩引起的自然現象。當龍捲風來臨時，天空會很暗，在遠處彷佛可以見一條上端入雲、下端連地的「巨龍」在天空擺動，威力極大，可以摧毀房屋、大樹等，從它的形象和威力來看，確實是像條龍，它的名稱就來自於它的形象和威力。

在龍捲風頻發的地方，家長還可以告訴孩子一些龍捲風來臨時的應對措施，教孩子在龍捲風來臨時學會一些基本的自保方法。

O 智慧作答

· 寶貝，龍捲風是一種很大的風。這種風來的時候，天會變得很暗，而這種風看起來就像龍一樣在空中擺動，它的威力也和龍一樣強大，所以就叫龍捲風。

Q186

為什麼會發生海嘯呢？

X 錯誤回答

· 這個問題很複雜，說了你也不懂，你還是別問了，爸爸正在看書。

□問題分析

最近幾年，全世界範圍內，地震、海嘯等自然災害頻發，尋常百姓口耳相傳，電視等媒體時有報導，小孩子耳濡目染，難免會問這樣的問題。

人類與自然生存在同一個地球之上，自然給了我們賴以生存的家園，同時又將一些不安寧的因素充斥在我們的生活之中，比如地震、土石流、火山、海嘯等等自然災害。面對給人類帶來巨大損害的自然災害，孩子既驚恐又好奇。理性的告訴孩子這些自然災害的起因、破壞力、預防措施等，一方面能激發孩子的探索興趣，另一方面又使他們在遇到這些緊急情況時，有一些自我保護的基本常識。並且引導孩子同情受災人民，培養孩子樂於助人的品格。

O 智慧作答

· 海嘯是一種有著很大破壞力的海浪，這種海浪會給人類帶來巨大的災難。所以當哪個地方發生海嘯時，我們應該想辦法幫助那裡的人們度過難關。

Q187

星星為什麼總是跟著我走？

X 錯誤回答

· 因為星星喜歡你！

□問題分析

這樣的回答看起來很美好，可是，顯然這樣的回答容易誤導孩子，孩子不一定明白這只是爸爸的一個玩笑，他可能覺得自己終於掌握了一個事實。孩子一旦認定了這個事實，就會堅信不疑，有可能對今後的學習、成長造成不好的後果。家長應該抓住這樣的機會，給孩子傳授一些他們這個年齡段容易接受的自然科學知識，積極培養孩子探索自然的精神。

O 智慧作答

· 寶貝，其實星星並沒有跟著你走，這只是星星離我們比較遠，所以我們看星星時，感覺星星一直在我們眼前，看起來就像跟著我們走一樣。

Q188

人為什麼不能有四條腿呢？

X 錯誤回答

· 人要是長四條腿，那就是怪物了！

□問題分析

一個健全的人，都有一些特定數量的器官，比如一張嘴、兩個眼睛、兩隻手、兩條腿等，這是人類進化遺傳的結果。而當孩子看到其他動物和人不一樣時，比如四條腿的狗、牛、馬等，就會好奇。面對孩子這樣的問題，我們應該幫助孩子對身體有一個正確的認識，進而保護自己的身體。

O 智慧作答

· 雖然我們只有兩條腿，但我們這兩條腿作用可大了，能走、能跑、能跳，什麼都能做。

所以你一定要保護好你的腿，要是腿受傷了，你就走不動了，你就不能到處跑著玩了。

Q189 那位叔叔為什麼只有一隻眼睛？

X 錯誤回答

· 那個叔叔也想有兩隻眼睛，但老天爺不小心只給了他一隻眼睛。

□問題分析

感覺這個回答並沒有什麼問題，細想一下，這樣的回答其實並沒有解決孩子的問題。表面上看，這個問題很單純，可是回答不好就會給孩子今後的待人處事造成不好的影響。

在我們的生活中，總有一些不幸的人，他們不但同樣的承受著社會的壓力，而且自身還有殘疾，這樣一來，總是讓他們比常人多付出很多才能得到常人相對輕鬆就能得到的結果。這種人我們應該同情他們，如果可能，最好多幫助他們。

家長也應該主動的教導孩子對身體有殘障的人要多一份尊重，多一些關注，多幫助他們，讓我們生活的世界充滿溫情，這樣也有利於孩子身心的健康發展。

O 智慧作答

· 那位叔叔雖然只有一隻眼睛，可是他也很熱愛生活呀！其實一隻眼睛看東西很不方便的，那位叔叔很了不起的。我們有兩隻眼睛的人多麼幸福呀！以後你見了只有一隻眼睛或者一隻胳膊等身體有殘缺的叔叔阿姨，千萬不要用任何方式傷害他們，這樣他們會很傷心的。要多尊重他們，多給他們一些幫助。同時你也要好好保護好自己的眼睛！

Q190

我不呼吸會怎麼樣？

X 錯誤回答

· 不准這樣做，人要是不呼吸就死了。

□問題分析

這樣的回答，答案是正確的，卻會引起孩子的恐慌，要是他們太刻意關注自己的呼吸，有可能給孩子的身心帶來傷害。

人類為了生存，每天有許多事情是必須要做的，比如吃喝、睡覺、呼吸、排泄等。可是小孩子不明白這些，有時候還會覺得這樣做很麻煩，就會問一些類似不呼吸會怎麼樣的問題。

面對孩子這樣的問題，家長首先要有耐心，不能急於否定孩子，最好告訴孩子非要這樣做的原因，讓他們對自己的身體活動有個起碼的了解，以防他們自作主張，出現一些危險狀況。家長還可以多花些時間，教給他們正確的呼吸方法。

O 智慧作答

· 不准這樣做！人時時刻刻都要呼吸的，不呼吸就會很難受。我們呼吸是為了呼出體內的二氧化碳，吸進空氣中的氧氣，這樣才能維持生命。不但人需要呼吸，所有的動物、植物都需要呼吸。

Q191

為什麼我搔自己癢不會笑？

X 錯誤回答

・小傻瓜，自己撓自己怎麼會癢癢呢？

□問題分析

人的身體有一些很奇妙的現象，比如我們能聽到別人睡覺打呼，卻不知道自己睡覺是否打呼；比如我們自己感覺到自己身上癢時，卻不知道別人的感受。這些問題對於大人來說，由於習慣性的忽視，就常常熟視無睹，但小孩子發現這些問題時就會很好奇。

家長首先應該欣賞孩子的這種求知精神，可以和孩子一起來討論這些問題，讓他們從生活的點點滴滴學到知識，得到快樂。

O 智慧作答

・我來試試，對呀，是不會笑。我也不知道是為什麼？要不然我們向知道的人求教吧！

Q192 媽媽為什麼「笑」出眼淚了？

X 錯誤回答

・這是因為媽媽太高興了。

□問題分析

有時候我們的身體會出現一些很「反常」的現象，比如「笑」出眼淚、餓著會打嗝、發燒時卻感覺很冷等，對大人來說，這些現象都司空見慣都很正常。可是善於觀察的小孩子會發現這與人哭的時候流淚、飽的時候才打嗝是相反的。家長這時候可以趁機多幫助孩子了解更多類似的知識，以便孩子從小對自己的身體有更多的認識，可以預防一些疾病的發生。

O 智慧作答

· 媽媽碰到了高興的事情，心裡很激動，就把眼淚給「擠」出來了。想知道到底為什麼在笑的時候會流眼淚，我一會兒教你去上網查一查。

Q 193

為什麼眼睛不怕冷呢？

X 錯誤回答

· 誰說眼睛不怕冷，你看好多人戴眼罩、眼鏡，就是怕眼睛冷。

□問題分析

孩子問了這樣的問題，家長不要覺得不耐煩。我們身體的一些特性，連最厲害的科學家都不能完全了解，何況是一個小孩子。遇到這樣的問題，家長要是知道的話，就說給孩子聽，不知道的話，就說不知道，然後和孩子一起尋找答案。這樣可以幫助孩子對自己的身體器官有一個正確的認識，可以使他們有意識的保護自己的身體。

O 智慧作答

· 寶貝，你知道嗎？在我們皮膚的每個地方，都均勻的分布著一些感受冷暖變化的感覺接受器，哪個地方冷的話，這地方的感覺接受器就把消息報告給大腦，我們就感覺到冷了。眼睛上因為有眼珠，皮膚比較少，這種感覺接受器也少，還有啊，眼睛不停的眨動也會產生很多熱量，所以眼睛的溫度一般比較高，就感覺不到很冷了。但是天氣特別冷的時候，眼睛也會怕冷的，到時候就要注意保護自己的眼睛了。

Q194

我這麼黑，是黑人嗎？

X 錯誤回答

· 你想變白嗎？那你就別天天趴在地上玩了。

□問題分析

我們的皮膚是天生的，小孩子不懂這個道理。當他們透過電視或在生活中見到形形色色的人，看到他們各自不同的特徵，就會和自己進行比較，或是羨慕別人某方面比自己好，或者擔心自己某方面很不好，也希望能「截長補短」，但他們並不知道怎樣去解決自身的「不足」。

這時候，家長要合理引導孩子，告訴孩子人與人之間的差異和一些人類外形特徵的一些知識，開闊孩子的視野，好讓他們正確接受人與人之間的差異。最好別劈頭蓋臉的批評孩子，父母這樣態度通常很難讓孩子心悅誠服的聽話。

O 智慧作答

· 寶貝你知道嗎？地球上人的皮膚有好幾種顏色，有白種人、黃種人、黑種人等好多人種，而且黃種人是不會變成黑種人的，也不會變成白種人。所以，你放心，你不會變成黑人的。

　如果你想讓自己皮膚變得白一點的話，你以後要注意保持乾淨，少曬一些陽光，多吃一些含維他命 C 的食物，比如番茄、蘿蔔、綠葉蔬菜等，這樣你的皮膚也會變得更好看，人也會更漂亮，身體也更健康。

Q 195

同學老是欺負我怎麼辦？

X 錯誤回答

· 你傻呀！他們欺負你，你不會欺負回去呀？或者就不和他們玩了。

□問題分析

在每個小孩子的成長過程中，和別人發生一些衝突摩擦，是在所難免的，再正常不過了。小孩子在交流中發生衝突也是一種協調解決矛盾的學習，家長應該正視孩子之間發生的衝突，給予一些正面的提醒和暗示，教他們學會與人交流的技巧。而不應該慫恿孩子以牙還牙，或忍氣吞聲，應該有禮節的運用一些交際技巧保護自己的權利，這樣有助於鍛鍊他們的協調性和社會交流能力。

O 智慧作答

· 寶貝，跟媽媽說說他們為什麼欺負你好嗎？是你不對嗎？好孩子是不應該欺負別人的，他們欺負你了，說不定現在也正在後悔呢。你去和他們好好談談吧，要是你怕他們還欺負你的話，那你就過兩天再和他們談吧們只要你們都是好孩子，你們一定會再做好朋友的！

Q 196

為什麼我還沒收到芳芳的生日邀請呢？

X 錯誤回答

· 沒邀請就算了，我們以後不和她玩了。

□問題分析

小孩子只有經常和朋友在一起，才會更加快樂。對孩子來說，有朋友的童年是美好的，沒有朋友是一件很痛苦的事。通常情況下，小孩子是很難自然而然的找到自己的朋友的，只有多一些機會和朋友在一起，才會幫助他們找到更多的好朋友。

而且，他們一旦有了朋友，就會在友誼中找到歸屬感和自豪感，往往會比大人更加維護自己的友情。所以家長對待自己孩子的朋友，也要多一分心思，孩子有了這方面的困惑，一定要給予適當的指點，幫助他們友誼長存！

O 智慧作答

· 芳芳肯定是想給你一個驚喜，或者是她這兩天太忙了，就忘記了。她生日那天肯定更忙，你可以問問她生日那天你能不能幫上忙？這樣她就會想到你，就會給你生日邀請函了；況且，朋友之間本來就應該互相幫助，她生日那天別忘了要去給她幫忙喔！

Q197

為什麼我不能跟他們（指不良少年）一起玩？

X 錯誤回答

· 他們是壞孩子，你跟他們玩也會變成壞孩子。要是讓我發現你和他們玩，小心我揍你！

□問題分析

家長往往會擔心孩子受到來自小玩伴們的不良影響，所以會不自覺的阻止孩子與一些他們認為不好的孩子玩耍，這樣就會引起孩子的不滿和困惑。

其實，小孩子的玩伴們對他們有影響，這是不可避免的。一個缺乏自制力的孩子，通常更容易被一些越軌的兒童不良團體所吸引。家長要想辦法採取合理的方法進行引導，比如和孩子探討交友問題，聽聽他們的交友標準，耐心的聽聽他們的解釋，可以給他們制定一些行為限制，但要注意的是，避免言辭過於激烈。家長可以溫和自然的解釋你不允許他那樣做的理由，孩子只要了解哪種人可以交友，哪種人不可以交友，以及家長這樣做的用心良苦，就會自覺的注意和一些小玩伴保持一定的距離。

O 智慧作答

· 寶貝，你知道嗎？他們每天一起玩的時候，要做很多壞事的，這樣父母、老師都很擔心。你要是跟他們在一起，那你也就會跟他們一起做壞事，有時候你不想做壞事，他們還會逼你，媽媽不想要你去做壞事，也不想你被別人打。如果你想去玩，媽媽可以帶你出去玩，可是你跟他們一起玩，媽媽就會很擔心。

Q198

為什麼他們都說男孩子不能哭？

X 錯誤回答

· 不是有一句話叫「男兒有淚不輕彈」嗎？說的就是這個意思。

□問題分析

亞洲人的傳統觀念裡，大家都認為男孩子要堅強，女孩子要矜持，因此流傳下來的就有「男兒流血不流淚」、「男兒有淚不輕彈」、「男兒膝下有黃金」等名言。這種教育的好壞暫且不論，但這樣直接教給現在的小孩子，顯然是不合理的。

因為孩子的心裡並沒有是非觀念，他們的控制力也比較差，當家長傳達這種訊息時，會讓小孩子很是不解。況且，眼淚是人們在情緒激動時釋放壓力的一種方式，家長應該充滿愛意、心平氣和的對待這種問題，允許孩子適度的釋放自己的情緒。最好教會孩子一些面對不良情緒的方法。

O 智慧作答

· 因為男孩子以後長大了就是男子漢，他們要保護身邊的小妹妹；長大了還要保護他的家人，所以要堅強，堅強就不應該常常哭。再說了，哭也不能解決問題呀！寶貝，別想這個問題了好嗎？爸爸帶你出去玩。

Q199

你為什麼說希望我少看漫畫，多看字多的書呢？

X 錯誤回答

· 因為字多的書能幫你快點識字、快點長知識。

□問題分析

這樣的回答看起來沒什麼大問題，但是顯得有些草率。很多家長想讓自己的孩子從小培養起對書的興趣，他們認為，只要小孩子在讀書，就是好事。但是，事實真的如此嗎？就拿現在許多幼稚園階段的孩子來說，他們接觸的書不多，並且以漫畫為主，這種狀態持續久了，孩子就會從潛意識裡面排斥那些純文字的書。

讓小孩子大量的看漫畫類的書，對激發小孩子的閱讀興趣沒有實質的幫助。從閱讀文字的優越性來看，文字的抽象性語言符號，可以激發孩子語言中樞的發展；而漫畫類書的形象性特徵使一切具體明瞭，對孩子智力的啟蒙作用非常小。但是對小孩子來說，讓他們讀那些純文字書的時機也是不太現實

的，其實家長可以巧妙的讓「讀圖」和「讀文字」並存，先讓孩子讀一些圖文並茂的書，再慢慢的往純文字類書籍過渡，引導孩子對讀書產生一種穩定的興趣，「讀圖」也就不會影響孩子閱讀的品質了。

O 智慧作答

· 你不知道嗎？文字書裡面有很多有趣好玩的故事呢，多讀這些字多的書，會幫助你快快的長學問，你就會比其他的小朋友更聰明，讓你很快的長成一個大孩子，這樣的話，大家也會更加的喜歡你了。

上學好無聊，我能不上學嗎？

X 錯誤回答

· 不上學那你要做什麼？

□問題分析

小孩子接受教育，是權利，也是義務。而小孩子的心裡，卻沒有這些概念。他們在學校裡可能覺得課程太難、規矩又嚴、老師嚴格、同學不友好等，這些因素會讓他們覺得上學是一件苦差事，從而不喜歡學校，對學校有著抵觸情緒，面對這種狀況，家長一定要及早的消除孩子的心理陰影和認知偏差，使孩子在學習中快樂健康的成長。

家長可以用孩子的理想激發他們上學的興趣，若是孩子因為某方面原因而厭惡上學，家長要想辦法幫助孩子解決不利因素，或者教給孩子解決這些不利因素的方法，必要時可以尋求老師的幫助。

O 智慧作答

・寶貝，你不是很想當一名偉大的發明家麼？發明家是要學習非常多的知識才行的，你要是現在不上學，那你就學不到很多的知識，將來怎麼能當發明家呢？媽媽知道你學習碰到了一些困難，但是只要你認真聽講，積極向同學、老師請教，你這麼聰明，學習很快就會好起來的。這樣吧！以後讓媽媽來幫助你輔導功課，幫你把學習成績提高上去。

Q201

你是不是故意在那麼多同學面前罵我？

X 錯誤回答

・你做錯了，還不能讓人罵嗎？誰叫你不好好表現，下次再犯錯，我還是會罵你。

□問題分析

許多家長在教育孩子的問題上，存在著一些盲點，他們喜歡當眾責罵、數落孩子，認為這樣做可以讓孩子記取教訓。殊不知，這樣會傷害孩子的心靈，讓他們很尷尬，心裡很氣惱，甚至對你產生怨恨，關係出現隔閡。

其實，小孩子有自尊心是好事，家長應該加以尊重和保護。當大人不小心犯了這種失誤，一定要坦誠的向小孩子承認錯誤，請求他們的原諒；並且透過對話、分析等方式讓孩子意識到自己的錯誤，這樣會讓孩子更加的尊敬你，也樂意與你親近溝通。

O 智慧作答

・對不起，寶貝，媽媽不是故意的，媽媽沒想到會對你傷害這麼大，今後媽媽一定會注意，絕不當眾罵你。別生氣了好嗎？媽媽會永遠尊重你的。

Q202

我能只去學跳舞，其他的什麼都不做嗎？

X 錯誤回答

· 那怎麼行？你要多學習，多學習，才有出息。

□問題分析

可能是家長很不經意的一句話，但對孩子性格的形成影響非常大。現在是一個提倡個性的社會，每個人都有自己特殊的愛好。

但現在的家長有一個通病，就是強制孩子學這學那，占去了孩子玩樂的時間。本來應該天真、爛漫並充滿幻想、情趣的快樂時光，卻被各種名目的「學習」占用了。孩子稚嫩、敏感的心靈被各種知識搪塞，這樣的孩子會少去很多的快樂，而且不利於孩子的健康。

學習固然重要，但個人興趣的發展、開拓應該更加的重要，因為這直接關係到孩子今後的發展方向。孩子一旦有穩定的興趣，就要從各方面進行鼓勵幫助，減少一些沒必要的「補習」，專精在孩子的真正的興趣點，孩子遲早會在你的幫助下學到令家長滿意的技能。

O 智慧作答

· 寶貝，你覺得這樣好嗎？你要是真的很喜歡跳舞，那你每個星期都在舞蹈上多花點時間，但不能因為喜歡舞蹈就不學別的東西了，這樣很不好。比如你要學跳舞，有很多跳舞方面的書，你要能認很多字才能讀這些書；又比如跳什麼舞蹈要穿什麼衣服、鞋子，這方面你都要透過慢慢學習各方面的知識才能掌握。所以，你要是能把其他科目都學得好一點，會對你學習舞蹈有很大的幫助。所以，你不能光學舞蹈，其他的也都要認真學喔！

Q203

我的好朋友這幾天都不開心，他是不是不喜歡我了？

X 錯誤回答

· 他不開心關你什麼事呀？是你多想了。

□問題分析

小孩子之間有時候會相互之間發生一些小摩擦，對對方感到不滿，比如覺得對方太冷漠，或者對自己不夠關切等，這都會影響小孩子的情緒。針對孩子的這種問題，家長要加以重視，積極的引導孩子，幫助孩子與朋友之間處理好關係。

因為朋友在小孩的心中占據著至關重要的位置，能否與朋友處好關係，也是小孩子十分在乎的事情，在朋友那裡，他們可以獲得最純最真的快樂。一旦朋友關係出現一些微妙的變化，都會對他們的正常生活造成很大的影響。

O 智慧作答

· 寶貝，你不要多想，聽你這麼說，可能是你朋友這兩天碰到不高興的事情了。這樣吧，明天你到學校後問問他是不是碰到不開心的事情，你們既然是好朋友，他有了不開心的事，你一定要幫助他，讓他重新開心起來。

為什麼你可以說髒話，我就不可以？

X 錯誤回答

・小孩子怎麼能跟大人比？

□問題分析

小孩的很多行為習慣，都是直接受到家庭的影響，正所謂「近朱者赤，近墨者黑。」而且這種影響是根深蒂固、可以影響他一生的。

當然，每個父母都想讓自己的孩子健康成長。如果父母想讓自己的孩子健康成長，在嚴格規範孩子的行為習慣的同時，自己一定要以身作則，不濫用「特權」，自己也要避免不良的行為習慣，以免給孩子帶來負面影響。

O 智慧作答

・寶貝，說髒話是一種很不好的習慣，爸爸有這個習慣就很不好，爸爸以後會努力的改正。可是，人的壞習慣一旦養成就很難改變了，所以爸爸希望你能養成好習慣。

為什麼要我每天跑步？

X 錯誤回答

・讓你跑步是為了你好，我一大早起來，和你一起跑步，你還這樣，太不像話了！

□問題分析

養育健康的孩子是家長的責任和義務，為什麼用這種語氣和孩子說話呢？這樣的回答，會讓孩子覺得自己是父母的負累。小孩子一般都愛運動，但他們意識不到運動的重要性，他們的活動、運動只是隨著個人喜好，沒有目的性。

因此，一旦家長要求他們進行運動訓練時，他們就會把運動當成一種額外的負擔，很不情願，就會發牢騷。在孩子沒有將運動鍛鍊當成一種習慣時，家長不要急著教訓孩子，可以用一些能激起他們興趣的事物鼓勵他們的運動興趣，這樣能讓孩子在運動中感受到快樂，就會堅持下去。

O 智慧作答

· 你不是說路邊那裏有一朵花要開嗎？你要是每天都堅持跑步，就會看到那朵花一點一點的開放，而且那朵花一定會開得很漂亮的，總有一天你會看到那朵花開得最美的時刻！

Q206 為什麼每天都要吃三頓飯，我只吃一頓可以嗎？

X 錯誤回答

· 好吧，你就試試吧！

□問題分析

小孩的世界總是充滿著好奇，他們還不知道人類為了生存，每天有些基本的事情是必須要做的，而且要遵循一定的規律。就比如每天吃飯，這對大人來說太正常不過了。有些小孩可能是有厭食症才這樣問，而有些小孩子可能就僅僅是出於好奇，問了這個問題。

假如小孩厭食，家長可以跟他說每天按時吃三餐的重要性；如果小孩子僅僅是出於好奇，那麼家長就可以採取另外一種態度。其實有很多時候，小孩子問問題，並不是想讓家長回答他們，而僅僅是為了引起家長的注意。這時候問題倒是其次，家長就應該想想自己對孩子的態度以及是不是給了他們足夠的注意力。家長給了孩子足夠的注意力會讓他們有被愛的感覺，所以建議家

長有時間多關注一下孩子，哪怕是一個短暫的注視，一個輕微的撫摸，有時候都勝過你給他買最貴的禮物。

O 智慧作答一

· 寶貝，吃飯對我們的身體很重要，一個人如果不按時吃飯，就會得各式各樣的病，你要是生病了會很難受的，媽媽也會很心疼。多吃飯可以使你的身體更加的健康，也會幫你長得更加的漂亮。

O 智慧作答二

· 寶貝，你好好吃飯吧！媽媽會一直看著你吃完的。

Q207 我什麼時候才可以抽菸、喝酒？

X 錯誤回答

· 無論什麼時候都不准抽菸、喝酒。

□問題分析

抽菸、酗酒對任何年齡段的人都是不應該的，做家長的都不願意自己的孩子接近菸酒。然而，孩子單純的世界總是很難避免的暴露在與菸酒有關的環境中，他們對這些充滿了好奇，希望嘗試。在孩子看待菸酒的問題上，家長扮演的角色至關重要。通常那些長大後經常抽菸、酗酒的孩子都是處於一個抽菸、酗酒的家庭或者長時間生活在這種環境裡。

要想讓孩子杜絕抽菸喝酒的不良習慣，家長首先要做好榜樣，同時也要對孩子做好監督。當孩子問到這種問題時，家長可以直接把抽菸酗酒的不好之處告訴孩子，讓他們對這些不良的行為習慣從小就有一定程度的認識，以免日後養成不好習慣。

O 智慧作答

· 寶貝，抽菸、酗酒是不對的行為，對我們的身體健康不利，所以任何時候都不能抽菸、酗酒，這是絕對禁止的。爸爸抽菸、酗酒也不對，這會讓媽媽整天擔心，我們一起想辦法幫爸爸戒菸戒酒好嗎？

Q 208

打噴嚏會傳染疾病嗎？

X 錯誤回答

· 不會，你別怕！

□問題分析

其實，在我們的生活中，不可避免的要遭到許多病毒、寄生蟲等的侵害，要避免這些病毒、寄生蟲的侵害，主要有三個條件：控制傳染源，切斷傳染路徑，保護易感染人群。組斷其中任何一個環節，就能控制傳染病的流行。

面對孩子這樣的問題，家長就要正確的回答，既要驅除孩子的恐慌，又要讓孩子學到一些傳染病的防治知識，當孩子稍微了解這方面的知識後，他們往往會比大人更加注意自己周圍的環境，這樣就為孩子健康成長多加一份保障。

O 智慧作答

· 會的，所以你打噴嚏時一定不要對著別人，你可以轉過身，打完噴嚏之後把手洗一下；你也不用害怕會被傳染到疾病，以後我們只要注意就會沒事的。

Q 209

我睡覺時眼睛是閉著的，眼屎是從哪裡長出來的？

X 錯誤回答

· 就是因為你不愛乾淨，才會有的。

□問題分析

很顯然，這樣的回答不會對孩子有什麼益處的。要怎樣做才能算是講衛生呢？家長這樣的回答讓孩子對講衛生有錯誤認識，嚴重的話孩會導致孩子形成潔癖。

我們的身體很奇妙，會產生很多分泌物，比如眼屎、鼻涕、耳屎等。這些都是正常人的新陳代謝過程，家長應該趁機教給孩子一些人體代謝的科學原理，告訴他們聽得懂的正確答案，這樣既滿足了孩子的好奇心，又讓他們學到知識，還可以幫助孩子養成健康衛生的生活習慣。

O 智慧作答

· 這是因為我們的身體就像夏天出汗一樣，總是不停的往外排出一些髒東西，這些髒東西和空氣中的灰塵黏在一起，就成了眼屎。這些髒東西對我們的身體健康不好，所以當你發現有眼屎的時候，應該馬上清洗掉。

Q 210

爸爸為什麼不讓我亂咬東西？

X 錯誤回答

· 那樣很髒，會讓人覺得噁心。

□問題分析

這樣的答案其實起不了什麼作用，而且還有可能會激發孩子的叛逆心理。隨著孩子的慢慢長大，他們可能會有一些習慣讓人很難接受，比如吸吮拇指、挖鼻孔、亂咬東西等，這些不良習慣首先對孩子身體的健康成長很不利。
家長在教育孩子改掉亂咬東西的壞習慣時，一定要把亂咬東西的危害講出來，並且教給他一些改掉這個習慣的方法，這樣孩子就會在你的幫助下逐漸改掉亂咬東西的習慣。

O 智慧作答

· 寶貝，亂咬東西是很不衛生的，還會引起其他的疾病，比如肚子痛、牙痛等，還會引起別人的反感。你要是不咬東西感覺難受的話，你可以找點事情做，一有事做，就不會想到要咬東西了。

Q211

我在數學課上畫畫，老師為什麼罵我？

X 錯誤回答

· 誰叫你要在數學課畫畫！好啦，別傷心了，以後別在數學課畫畫就行了。

□問題分析

小孩子由於太單純，凡事沒有界限概念，所以通常他們不會考慮自己言行的對與錯，想到什麼就做什麼，不考慮後果。但他們這種特點，在處處講規矩的大人眼裡，孩子的行為是不可取的，有時候會認為這是他們在故意搗亂，就會對孩子進行批評。
面對孩子的這種行為，老師、家長都要想辦法從正面教育。孩子可能很喜歡繪畫，這是好事，應該教他怎樣合理安排學習時間，在相宜的環境裡作出相

宜的舉動，讓他意識到自己這樣做是不太合理的，及早的培養他們合理安排時間的習慣。

O 智慧作答

· 寶貝，上數學課有數學課要學的事，你若在這時候畫畫，就會影響你聽講，數學老師看到了也不高興，就會不喜歡你了。如果你喜歡畫畫，可以下課了再畫，或者在繪畫課上畫，老師也就不會批評你啦！老師肯定也不想罵你的，這樣吧，明天你去給老師道個歉，老師都喜歡知錯能改的孩子。

Q212 要是老師犯錯了，我能不能罵他？

X 錯誤回答

· 老師罵學生，理所當然！老師管你是應該的，你這樣對老師就不可以！

□問題分析

老師在學生世界裡，往往處於強勢地位，起到支配的作用；相對而言，學生就是弱勢、被支配的一方。

小孩子心中沒有這些有關倫理道德的界限，認為這是不平等的，就會有疑問。面對孩子這樣的問題，家長一定要從正面教導，在學校應該有長幼主次之分，也不反對在孩提時期樹立老師的絕對權威。

但是家長不應該採取冷漠的教育方式，這樣不但教育不出懂事的孩子，反而容易讓孩子產生心理偏差，應該幫助孩子對自己的權利有一個清醒的認識，從而養成尊重權威、遵守紀律、積極向上的性格。

O 智慧作答

· 老師罵你肯定是有原因的，他們這樣做是為了你好，是想讓你改正錯誤然後積極上進。所以，你應該尊重老師，老師若是罵得正確的話，你就應該積極聽從；但如果老師犯錯了，你也應該尊重老師，和老師一起討論，而不能直接罵老師。這樣老師會更加的喜歡你，可以幫你和老師建立一個良好的關係，也可以幫助你更好的學習。

Q213

為什麼我要幫你拿東西？

X 錯誤回答

· 小東西，我養活你，你幫我拿點兒東西就不行啦？

□問題分析

家長碰到孩子這種問題，最好別跟孩子較勁，這樣孩子會「無理取鬧」。小孩子心裡面並沒有家庭成員有義務分擔工作的觀念，家長最好借這個機會給孩子講一些家庭成員有義務分擔家庭工作的觀念。

要是批評孩子，會讓孩子對大人產生意見，還會打擊孩子的工作積極性；也不要順著孩子，就讓他不用幫忙，這樣會助長孩子惡習。家長可以對孩子進行一些精神上的獎勵，從情感角度引導孩子積極參與家庭的工作。

O 智慧作答

· 寶貝，你看媽媽拿了這麼多東西，很不方便。你要是幫媽媽，媽媽就會輕鬆很多，也會很高興。每個家庭成員都要互相關心愛護，都有責任做一些力所能及的家務事，這樣，才會讓我們的家變得更好，你不想讓我們家變得更好嗎？

Q214

明天去公園，我該先看什麼呢？

X 錯誤回答

· 你隨便看吧，喜歡什麼就看什麼。

□問題分析

對於處於幼稚園階段的孩子來說，他們喜歡新鮮事物，可是一旦有太多的新鮮事物放在他們眼前，他們反而會不知所措，因為它們對什麼都好奇，自己又沒有選擇的能力，不知道從何看起。

比如說去一個孩子沒去過的博物館，這個時候家長就要有意識的引導孩子，家長可以在去之前花一些時間給他們講一些博物館的情況，讓孩子有一定的了解後，再給孩子一些建議，製造一些「懸念」，讓孩子帶著期盼的心情進去，這樣孩子在參觀的過程中就會有一定的重點，可以大大提高孩子觀察的效果。

O 智慧作答

· 寶貝，我聽說公園裡新建了一個魚池，裡面有好多美麗的魚兒，還有好多人在那兒照相，真不知道那些魚兒有多美呀，吸引了那麼多人？而且我還聽說公園裡來了一群美麗的天鵝，不知道這些天鵝是不是和童話裡講的一樣美呢？

為什麼沒人讓座給老爺爺呢？

X 錯誤回答

· 誰想把自己的座位給別人坐呀？又不是傻子。

□問題分析

「人之初，性本善。」同情幫助弱者是傳統的美德。生活中，無論家庭、學校、社會都在向孩子灌輸一些這方面的知識，但現實生活中的一些現象和這些教育是背道而馳的，這會讓孩子從小就會懷疑這些知識。家長應該以身作則，從小培養孩子的善良、同情心，教育孩子在生活中學會關愛別人，讓孩子的心中充滿愛心。

O 智慧作答

· 寶貝，他們不讓座是不對的。那個老爺爺那麼大歲數還站著，肯定很難受，要不然，我們他讓座給他好不好？反正你已經是個小男子漢了，看看你站著能堅持多久。

Q216

什麼是「愛滋病」？我會不會得「愛滋病」？

X 錯誤回答

· 問這個做什麼？我也不知道。

□問題分析

許多家長不願在孩子面前提起愛滋病，但現在的傳播媒介這麼多，電視、廣播、報紙，雜誌等等，小孩子難免會受到影響，或者從其他家長或小朋友口中也會有所耳聞。當他們聽到或看到一些與愛滋病有關的資訊時，難免感到好奇，甚至害怕。

家長在碰到孩子這樣的問題時，最好不要做出一些諱莫如深的樣子，應該把一些準確的資訊告訴孩子，教他們尊重愛滋病患者，最好告訴孩子一些預防的方法，消除孩子的恐慌。

O 智慧作答

· 愛滋病是一種很嚴重的傳染病。我們應該關心愛滋病患者，要尊重他們，以後你要是碰到有什麼愛滋病的防治活動都要積極參加。

Q217

妳是我媽媽，我能不跟妳說就拿妳的錢嗎？

X 錯誤回答

· 當然可以，因為你是媽媽的小寶貝嘛！

□問題分析

有些家長因為太喜歡自己的孩子，就允許孩子在自己身上「放肆」，孰不知，這樣很容易讓孩子滋生出一些惡習，比如不和父母說一聲就隨便把家裡的東西往外拿。

小孩子的心中沒有財產私有的概念，很多時候只是因為一時好奇心，大人也就不太在意，假如孩子這樣習慣了，就會很容易形成所謂的「敗家子」性格。家長可以注意從小引導，告訴孩子這樣做的利弊；如果已經出現了這種情況，要讓孩子積極得承認錯誤，及時幫助孩子改正，避免養成壞習慣。

O 智慧作答

· 你雖然是媽媽的小寶貝，也不應該不和媽媽說一聲就拿媽媽的錢用。你要是不跟別人說一聲就拿別人的東西用，這樣就不是好孩子了，這也是

一種不道德的做法。要是有什麼需要用錢的，你就和媽媽說一聲，媽媽會給你錢用的。

Q218

那個叔叔為什麼要撿草坪上的果皮呢？

X 錯誤回答

· 那是因為有些人沒教養，亂丟垃圾。

□問題分析

講究社會公德，保護環境，是每個人應該具備的基本道德品格。孩子是未來和希望，把這種道德品格傳給孩子，是家長、老師和社會共同的責任和義務。只有這樣，才能讓我們以及我們的後代的生活環境更加美好。

這樣的回答孩子，可能會影響到孩子，孩子就會模仿你，培養出一種粗暴的個性，對孩子以後的發展不利。家長要讓孩子明白：別人不講公德心，亂丟垃圾，我們可能沒辦法改變，但我們自己應該注意自己的行為，要有社會公德心。

O 智慧作答

· 寶貝，你觀察的真仔細！那位叔叔做了一件很了不起的事情，我們每個人都不應該亂丟垃圾，做一個有公德心、愛護環境的人。那位丟垃圾的人，他的行為是不道德的，我們不能向他學習，應該像那位叔叔學習，發現別人丟了垃圾就撿到垃圾桶裡。

Q219

媽媽為什麼不去當科學家？

X 錯誤回答

· 因為媽媽不喜歡。

□問題分析

隨著社會的發展，社會分工的精細化，當然也不能避免的跟個人能力、學識有關，每個人的工作千差萬別。但孩子是單純無知的，他們往往不明白這些，當他們看到有些讓他們羨慕的職業時，就會渴望自己的父母也是這個職業裡的人。

面對孩子這樣的提問，家長應該告訴他們一些社會分工的基本常識，讓他們知道每個人都應該受到尊重，每個工作者也都應該受到尊重，工作不分貴賤，讓孩子平等的看待每一個人的工作，從小培養孩子正確的人生觀、價值觀。

O 智慧作答

· 因為媽媽很喜歡現在這個工作，而且媽媽覺得在這個工作職位上媽媽工作的很快樂，可以發揮出自己的最大能力，為社會作出更多的貢獻。你要是想當科學家，你就好好學習，媽媽一定會全力支持你。

Q220

繪畫課上我能隨便亂畫嗎？

X 錯誤回答

· 不能，隨便畫看著就不像了。

□問題分析

有兒童心理學家指出，小孩子在學習繪畫過程中要經歷幾個階段，第一個階段就是塗鴉期，突出表現就是隨意的亂畫；之後會進入基本形狀期，這時候孩子對一些基本的形狀，如三角形、圓形都有一些掌握；然後進入個性體現時期，這時候孩子就可能用繪畫來表達他們的思想情感，如果他喜歡一個人，就會把他畫得很漂亮，要是不喜歡，就會把他畫得醜陋。

當孩子提出這樣的問題時，家長不要急著否定、反對孩子，應該允許他有一個隨心所欲的階段，而且家長最好給他提供一定的繪畫場所，不然他就很可能在傢俱上、牆上「搞破壞」。

O 智慧作答

· 寶貝，你想隨便畫當然可以呀！不過你一定要在繪畫紙上或媽媽給你買的小白板上畫，可不能在牆上、傢俱上亂畫啊！

Q221

爸爸離職了，是不是很難過？

X 錯誤回答

· 別理他，過一陣子就好了。

□問題分析

生活中，每個人都會碰到各式各樣的問題。而孩子對親人，特別是爸爸媽媽，那是絕對的愛護和依戀；孩子對親人的關心，是人間最純真、最真摯的感情，家長應該對這樣的關心積極應對，合理的回答孩子的問題。

有些家長怕孩子擔心或因為其他的原因，不願回答孩子的問題。但是孩子如果得不到相關的消息，肯定會更加的緊張，甚至責怪自己，可能會引起嚴重的後果。

建議家長輕鬆自然的告訴孩子他想知道的答案，但不必講細節，告訴他這時候應該做什麼才不會讓情況更加的糟糕。這樣一方面緩解了孩子的緊張，一方面家長可以有時間有精力來面對、解決眼前的事情。

O 智慧作答

· 寶貝，爸爸工作上遇到了一點小麻煩，現在心裡不好受，不過這是暫時的，你不用擔心。這幾天你有時間可以去小雪家玩玩，爸爸過兩天就會好起來的。

為什麼爸爸每個月都要給爺爺錢？

X 錯誤回答

· 不給爺爺錢，爺爺會生氣的。

□問題分析

「百善孝為先」，孝敬老人是傳統的美德，家長要善於在日常生活中加強對孩子這方面的教育，自己要做好榜樣。對孩子這方面的問題要認真的回答，家長要告訴孩子孝敬老人的意義和原因，這樣孩子才會欣然接受這樣的觀念，並且努力去做。在潛移默化中使孩子及早的自覺的養成尊老、敬老的好習慣，使我們的優良傳統世世代代傳承下去。

O 智慧作答

· 寶貝，爺爺奶奶養育了一大家子的人，他們的功勞最大。現在他們老了，身體不如以前好了，需要很多的營養，所以爸爸每個月給爺爺錢讓他買東西吃。你以後有零用錢了，也可以買些東西給爺爺奶奶，這樣爺爺奶奶會很高興的。

Q223 我的名字為什麼要帶個「明」字？

X 錯誤回答

· 這是取名時就有的。

□問題分析

姓氏文化也是我們的文化的重要組成部分，其實姓氏傳統已經不能適應當前社會發展的需求了，但是這種傳統的觀念和習慣在有些地方被有些人保存下來，而孩子對這些不太了解。

在臺灣，姓氏傳統有其深刻的歷史和社會原因，但在現代生活中，這種習慣觀念已經發生了很大的改變，家長可能很難跟孩子講的清楚，雖然如此，但家長至少不能對孩子進行誤導。家長完全可以多告訴孩子一些這方面的知識。

O 智慧作答

· 怎麼啦？這是我們臺灣人起名的習慣，你這個「明」字代表你的輩分，就像爸爸名字裡也有個表示輩分的字一樣，這樣別人一看輩分就知道你是爸爸的孩子了，這樣不好嗎？

Q224 我要是看到小偷正在偷東西怎麼辦？

X 錯誤回答

· 你就別吭聲，跟你沒關係就別管閒事，小心人家揍你。

□問題分析

如今社會犯罪現象增多，在孩子的成長過程中，難免會碰到一些意想不到的情況，如果沒有很好的自我保護意識，孩子很可能會受到傷害。家長可以告訴孩子一些在保護自身安全的小技巧，在此基礎上，聰明的與壞人作鬥爭，教會孩子一些智慧的行為和技巧性的語言讓孩子避免直接面對危險，同時還可以幫助別人。家長最好在日常生活中對孩子進行適當的訓練，讓孩子掌握一些避開危險的技巧和應對突發狀況的能力。

O 智慧作答

· 當你看到小偷正在偷東西時，你還這麼小，不能直接站出來指出，但不管也不好。這時候你可以用很巧妙的辦法來提醒大家，比如你喊一聲：「誰的錢包掉地上了？」這樣大家就會注意到自己的錢包，小偷也就不敢繼續偷了，你覺得這個辦法怎麼樣呢？

Q225 你可以不要一直問我幼稚園的事情嗎？

X 錯誤回答

· 我是怕你受委屈，怎麼了？關心你還不行嗎？

□問題分析

通常情況下，孩子從幼稚園回到家後，媽媽都會和孩子聊一些幼稚園裡的事情，問孩子有沒有受什麼委屈，怕孩子在那兒會吃虧。這是關心，沒錯！但這樣的愛，對於孩子來說反而是一種傷害。

因為媽媽這樣問，會讓孩子感覺到幼稚園不好，那裡的小朋友都在欺負自己，那裡的阿姨也都很偏心，時間長了，孩子心裡面就會感到不公平、不安全，就會出現新的問題。實際上，一些家長正是以愛的名義，在不知不覺中傷害了孩子。

其實，孩子從幼稚園回到家裡面，家長只要簡單的和孩子聊一聊就行了，最好是向孩子傳遞「幼稚園很好」的訊號，這樣就會讓孩子全心全意的在幼稚園度過一段健康快樂的時光。有利於孩子長大後形成健全的人格。

O 智慧作答

· 好啊！媽媽知道你在幼稚園過得很好，以後媽媽會少問你這些問題。幼稚園可真好呀！媽媽真的好羨慕你呀！

Q226

為什麼你有時說我是大孩子，有時卻說我是小孩子？

X 錯誤回答

· 這有什麼問題嗎？等你什麼時候開始工作，不用爸爸媽媽說你，那時你就真的長大了。

□問題分析

家長比較容易犯的錯誤就是當孩子「質問」他們時他們往往喜歡給自己找託辭，或者粗魯的回答孩子的問題，一句話就把孩子給堵了回去，時間久了，會讓孩子和家長產生隔閡。

這反映了我們在教育孩子時容易進入兩個盲點：或是把孩子當大人，或者是把孩子當小孩。其實，很多家長都會在不經意間犯這樣的錯誤，本來，孩子就應該像孩子一樣生活，家長要避免「該把孩子當孩子的時候卻不能把他當孩子」這樣的錯誤，也只有這樣，才算是比較好的教育。

O 智慧作答

· 寶貝，對不起，爸爸媽媽的做法可能有些錯誤，今後一定會改正。有一點是不變的，那就是爸爸媽媽永遠都是愛你的，希望你健康快樂的成長！

Q227 我能長到跟樹一樣大嗎？

X 錯誤回答

· 傻孩子，人怎麼可能長得和樹一樣大呢？

□問題分析

萬物在生長，人在生長，花草樹木，蟲魚鳥獸，時時刻刻都在生長，而這些生長通常都不受人控制的。孩子由於太單純，便天真的以為這些事物的成長能受自己控制，於是他們以某物為參照，幻想著自己以後會如何如何？

面對孩子這樣的問題，家長首先要弄明白孩子的意思，這樣問通常是孩子覺得自己太小了、太弱了，有一種被忽視的感覺，這時候不要急著否定他們，只要想辦法把話題一直專注於孩子，鼓勵孩子對生活的信心就可以了。

O 智慧作答

· 寶貝，這個有可能喔。你這麼健壯，又長這麼快，而有些樹長那麼慢，你長著長著就比它們大了！

Q228

我能像卡通裡的人一樣，一天就長大嗎？

X 錯誤回答

· 那你長著試試。

□問題分析

這樣回答看起來是和孩子開玩笑，但小孩子很可能就信以為真，他也許會尋找一些極端的方式來試試自己有沒有「一天就長大」的本領，這時候就很容易發生意外。所以做家長的要慎重回答孩子這種問題，別誤導孩子。

家長可以告訴孩子每個人的成長，是一個逐步實現的過程，讓孩子了解一些成長的規律，最重要的是讓他們體驗到童年的快樂，激勵他們積極的熱愛生活，享受美好的童年時光，努力學習知識，長大做一個對社會有用的人。

O 智慧作答

· 這是不可能的，我們每個人都是一點點長大的。你有這麼多小朋友和你玩兒，又有這麼多人喜歡你，只有慢慢的長大，你才能享受到成長的快樂，才能有一個美好而充實的童年，也才有更多的時間學到更多的東西，這樣你長大了就可以做一個對社會、對別人有用的人。

Q229 媽媽，妳可以代替我考試嗎？

X 錯誤回答

· 你讀書是給誰讀的？連考試都想讓別人幫你，還不如不去讀書了。

□問題分析

家長要是這樣一味的對孩子進行責罵，通常不會起到很好的作用的。再說，家長這樣回答孩子，如果小孩子剛好就不願意去讀書，你這麼一說，他索性就來個「不讀就不讀，有什麼了不起，我還不想讀呢！」一次「世界大戰」便在所難免，豈不壞事了呢？

家長可以心平氣和的把考試的原因、目的和其中的利弊講一些給孩子聽，如果你說的在情在理，孩子聽進去後，就會端正態度，認真對待考試的。

O 智慧作答

· 這恐怕不行，因為考試是老師為了檢驗你們學習的一種方法。如果你自己不親自去做，老師也就看不出你們的學習水準，這樣，會影響你的進步。只要你認真考，考不好也沒關係，因為考試完了，不會的還可以再學，這樣才能慢慢進步，老師也更喜歡這樣的學生。

你為什麼送我一個放大鏡呢？

X 錯誤回答

· 給你當玩具。

□問題分析

家長這樣說，小孩子可能不會對它有特別的注意力。能想到買放大鏡給孩子玩的家長是比較聰明的。當小孩子有了一定的觀察基礎後，家長除了引導孩子多用感官進行觀察外，可以適當的借助一些工具，告訴他們一些觀察技巧。

送給孩子一個小小的放大鏡，可以極大的調動孩子的觀察欲望，因為在放大鏡之下，平常司空見慣的事物都會發生一些改變，給孩子新的感官體驗；而且還可以讓孩子觀察到平常不太注意的東西，拓展孩子的新視角，提高他們的觀察力。

在觀察過程中，家長還可以教給孩子一些觀察方法，如比較觀察、反覆觀察等，同時還可提高孩子的思維能力和聯想能力。

O 智慧作答

· 寶貝，放大鏡是一件很好玩的東西，用它你可以看到很多很有趣的東西。走，媽媽教你怎麼玩。

Q231

綁鞋帶太麻煩了，我不想綁了怎麼辦？

X 錯誤回答

· 自己的事情自己做。

□問題分析

按理說，這種回答也沒什麼問題，但孩子還是缺少責任意識的，不清楚綁鞋帶是他應該掌握的基本技能。

面對孩子這樣的要求，家長對孩子的引導應著重兩個方面，一是培養孩子的責任感，二是培養孩子的自立能力。最好家長找一個不能幫他們綁鞋帶的理由，間接的「強迫」他們自己動手。

如果孩子是因為還不會綁鞋帶才這樣說的話，那就要趁機鼓勵、教會孩子自己動手；要是孩子自己會綁鞋帶，就要另外想一些小花招督促他養成自己動手的好習慣。

O 智慧作答

· 寶貝，你應該自己綁鞋帶的，媽媽現在有點事，沒時間幫你綁。綁鞋帶本來就是你應該掌握的技能，身為家庭的小主人，你要是連鞋帶都不會自己綁，傳出去會很沒面子。而且，綁鞋帶有好多不同的花樣，你自己摸索一下，很好玩的。

我能你一樣直接叫那位叔叔的外號嗎？

X 錯誤回答

· 你當面這樣叫人家，是很沒禮貌的表現，別人會討厭你的。

□問題分析

這樣回答孩子，是暗示在背地裡可以叫人的外號嗎？每個人因為身體或性格方面的特性，可能會被人起一些形形色色的外號，親近的朋友叫習慣了也沒什麼。可是陌生人或者小孩子直接稱呼一個長輩的外號，會顯得很沒教養，讓別人反感。

雖然現在是一個允許個性的年代，但一個懂禮貌的孩子，無論在哪裡都會受到人們的青睞。所以，家長要教會孩子從小學會尊重別人，不隨便叫人外號，與人講話特別是和長輩們講話要懂得一些基本的禮貌。

O 智慧作答

· 我們應該尊重每一個人，不能隨隨便便的叫人外號，那樣會顯得很沒禮貌，有可能人家還會打你。所以，以後千萬別叫人外號，也別給人起外號。特別是在長輩面前，一定要懂得禮貌，這樣才算一個好孩子，長輩們才會打心眼裡喜歡你。

Q233

為什麼要叫盲人，而不能叫瞎子？

X 錯誤回答

· 不准叫就是不准叫，這樣叫會很丟臉的，我要是聽到你這樣叫，小心我打死你。

□問題分析

殘廢、瞎子、瘸子等這些帶有歧視性和侮辱性的詞語，在現代文明的語言規範中已經被廢棄，可是，生活中難免有一些人喜歡用這些不禮貌的稱呼。而小孩子對這些還沒有分辨能力，當他們聽到別人這樣叫時，難免也會人云亦云的學。

在我們的生活中總能遇到一些殘疾人士，他們是社會上一群特殊的人，本來就已經很不幸，還經常受到同胞們的歧視，這對他們來說很不公平。有良知的家長一定要教導小孩子尊重殘疾人士，同情殘疾人士，幫助殘疾人士，不

要對身有殘疾的人進行任何形式的侮辱，這是家長應盡的責任和義務。這樣的話，小孩的心靈能得到淨化，我們的社會也會越來越美好！

O 智慧作答

・殘廢、瞎子、瘸子這些都是不尊重人的稱呼。我們應該尊重每一個人，尤其是殘疾人士。我們還要向殘疾人士學習，因為他們很多時候比我們正常人更加堅強，有很多身殘志不殘的人，如海倫凱勒、霍金等，他們都取得了很大的成就，他們都是我們學習的榜樣。寶貝，你一定要愛我們身邊的身體殘疾的人，盡可能多的幫助他們，這樣他們會很高興的。

Q234

好多人都說「氣死我了」，人真的會被氣死嗎？

X 錯誤回答

・不會，這只是一些人的口頭禪。

□問題分析

「人真的會被氣死嗎？」其實這是一個科學問題，很多大人都不知道答案，孩子更是不能理解。對待孩子這樣的問題，家長最好想辦法給予合理的回答，這是孩子學習知識的好機會，平時想告訴孩子這方面的知識是很難的。

其實，已有科學家證明生氣會導致心室收縮，進而有可能引發心律不整，這種形式的心臟收縮會使突發性心臟衰竭機率提高，像憤怒這樣的強烈情緒甚至會導致心律中斷，直接危及生命。所以，從醫學上來說，人是可以被氣死的。

如果家長不知道答案，也不要妄下結論，可以認真的和孩子一起探討，這樣的話，雖然沒能立即回答孩子的問題，卻能幫助孩子鍛鍊尋找問題答案的途徑，這比回答孩子一兩個問題要好過千萬倍。

O 智慧作答一

· 你認為呢？這個問題媽媽也不確定，我們可以去買一些相關的書或者上網找一下答案，你說好嗎？

O 智慧作答二

· 寶貝，這是個很嚴肅的問題。如果一個人太生氣了，可能真的會被氣死喔！所以你平常一定要注意，不能太生氣；要是實在很生氣的話，你就把不高興的事情給忘了，或者找點事情做，別老想著生氣的事。而且經常生氣的人，大家都不會喜歡，也很容易得各式各樣的病。

Q235

我們是不是也該買大一點的房子？

X 錯誤回答

· 爸爸也想買呀，可我們家窮呀！

□問題分析

社會的差異性是客觀存在的事實，每一個人都應該調整心態來接受這種差異。可是年幼的孩子不理解這些，他們要認識到這個狀況需要一個漸進的過程。

做家長的聽到孩子這樣的問題時，應該教育孩子從小就要理解這種差異，避免孩子有一些不健康的比較心理，培養孩子良好的心態去面對未來的社會；並教他們如何透過自己的努力去縮小與別人的差距，提高孩子的社會競爭力。

O 智慧作答

· 寶貝，爸爸也想買一個大一點的房子，所以爸爸正在努力工作，讓我們家的日子過得更好一些。你看到有人的房子比我們的大比我們的好，說明別人的努力獲得了成功。所以呢，我們不要光羨慕人家，要想著向人家學習，努力工作，努力學習，只要大家都好好努力了，生活就會變得更好的。

Q236 妳為什麼要嫁給爸爸？

X 錯誤回答

· 你爸爸是個騙子，我被你爸爸騙了，現在後悔已經晚了。

□問題分析

婚姻本來應該是愛情的結晶，這樣回答，孩子會真的以為爸爸是一個大騙子，還可能會恨爸爸，在心裡留下陰影，甚至有可能對孩子未來的戀愛、擇偶產生影響。

由於這個問題的確很複雜，涉及到戀愛、擇偶、婚姻等各方面的問題，家長在回答孩子這類問題時，就要盡量根據孩子的理解能力，深入淺出的回答，好讓孩子明白婚姻是什麼？最好對策就是很幸福的告訴孩子，爸爸媽媽是因為相親相愛才結的婚，讓孩子和大人一起分享幸福的婚姻家庭。幫助孩子從小培養正確的愛情觀、婚姻觀。

O 智慧作答

· 那是因為爸爸愛媽媽，媽媽也愛爸爸。我們都想和自己最喜歡、最親近的人生活在一起，所以就結婚了。

Q237

我說大話也算是做壞事嗎？

X 錯誤回答

・當然了，你見過哪個好孩子說大話。

□問題分析

其實，處在幼稚園階段的孩子，他們所理解的「說大話」，和真正意義上的「說謊」還是有很大的差距的。這種「說大話」，與大人眼裡的道德理念不同，只是小孩子成長過程中必經的一些「小插曲」。

他們的經驗和記憶都很有限，難免會錯誤的解釋某個事情；或者只是為了引起成年人的關注而故意「歪曲」一些事實，而且小孩的思維通常以自我為中心，有時候為了一個小目的，如果說大話能幫他們達到這個目的，他們就會不自覺的認為這是一個很有效的方法。小孩子的思維具有自我為中心的特點，以為說一點大話，大人不知道也就沒事了，他們並不知道說大話還能上升到道德層面。

所以，當小孩子提出這種問題後，家長該做的就是反省一下自己，是否以身作則，是否對孩子要求太嚴，如果家長自身行為合乎規範，孩子又生活在一個相對寬鬆的環境裡，孩子通常不會學「說大話」，也沒有說大話的必要。

如果上述問題都沒有，家長又知道孩子說的和事實不相符，也不要急於下結論。因為大人理解的「真話」和「假話」，小孩子未必能夠理解；大人可以站在孩子的角度，看看小孩子說的有沒有道理。

假如真的確信孩子經常「說大話」，家長在探尋事實、教導孩子時，也應該掌握一定的技巧，比如不要急於揭穿孩子，不要讓孩子感覺到這個錯誤多麼的「嚴重」，而應該給孩子營造一個相對寬鬆溫馨的環境，讓孩子意識到即

便是犯了錯，及時改正，也並不會造成可怕的後果，在這個過程中最好不要逼迫孩子，這樣會讓他們感覺受到了羞辱，會傷害他們的自尊心。

O 智慧作答

· 寶貝，說大話就是不按事實說話，這會讓別人感覺到你在騙人，大家就會說你這個人不誠實。並且說真話也沒有壞處呀，別人還會覺得你很誠實，都會喜歡你。所以呢，寶寶一定要做一個不說大話的誠實的人，爸爸媽媽也就會更加的愛你！

Q238 我可以一邊吃飯一邊看書，這樣不是很好嗎？

X 錯誤回答

· 不能這樣做，做事要專心。

□問題分析

如果你這樣回答了，孩子從此以後也許再也不提這種要求了，可是對於孩子的問題並沒有給出實質性的解答案。因為小孩子可能覺得這樣很好，既節省時間，又能表現\自己愛學習，孩子可能懷著會受到家長的表揚認可的心理來問這個問題的。

家長是知道這樣對孩子不好，做事要專心，確實沒錯。關鍵在於家長用了什麼評價方式。如果小孩子可以邊吃飯邊看書，而且效果很好，他們就會覺得自己很專心。家長這時候可以和小孩子好好的商量一下，告訴他們什麼時間看書效果更好，什麼時間吃飯對身體好，教會他們一些合理安排生活學習的小竅門，為孩子以後養成好的學習生活習慣打下基礎。

O 智慧作答

· 寶貝，你這樣做呢，可以是可以，但是會對你的身體不好。人要是一心二用的話，會讓人覺得做事不專心。讓媽媽告訴你一些小竅門，吃飯的時候就要專心吃飯，這樣你吃下去的東西消化的就會很快，這樣你的身體也會長得很好，大腦也就會更加聰明。其實飯吃完了馬上就看書對身體也很不好，因為你肚子裡的東西，要經過一段時間才能消化完；所以吃完飯後過一段時間再看書效果會更好，不信你可以試試！你要是按媽媽說的做，你一定會越來越聰明。

Q239 有人能記得自己剛出生時的樣子嗎？

X 錯誤回答

· 傻瓜，誰能知道自己剛出生時的樣子？

□問題分析

好的家長是不會放棄任何一次讓孩子增加知識的機會，也不會輕易的挫傷孩子的好奇心，總是瞄準時機對孩子進行各方面的教育。其實到目前為止，科學家們也還沒弄清楚人為什麼記不起自己出生時的樣子，仍在不停的研究。對於這種難以說明的事情，首先大人也別放棄求知的念頭，同時引導孩子一起慢慢的尋找答案，哪怕找不到答案，這個尋找的過程，對孩子來說也是一筆不小的財富。

O 智慧作答

· 寶貝，你這個問題問得很好。這個媽媽也不太清楚，不過媽媽可以和你一起去尋找答案。

Q 240

你覺得鄰居阿姨生孩子會很痛嗎？

X 錯誤回答

· 我不知道。

□問題分析

在孩子眼裡，大人是無所不知的，但是一句「我不知道」進入孩子的耳朵裡，會令孩子產生被拒絕的感覺。孩子可能會覺得父母喜怒無常，心情好時有求必應，心情不好時對自己很不耐煩，這會讓孩子覺得很難適應。
在回答這種問題時，家長最好不要迴避或者以謊言搪塞，花點心思配合孩子，讓孩子了解一下生命的過程，給孩子講講血緣親情，還可以趁機對他們進行愛的教育，培養他們尊敬父母、熱愛家庭的品德和情感。

O 智慧作答

· 每一個媽媽生孩子都會很痛的，但鄰居阿姨還是會很高興很幸福的，因為她終於有自己的小寶寶了，她就要做媽媽了，為了寶寶，自己痛一點也心甘情願。

Q 241

我喜歡阿花，我能和她結婚嗎？

X 錯誤回答

· 瞎說，小孩子結什麼婚？

□問題分析

小孩子們在一起玩，隨著年齡的慢慢增長，性別意識也逐漸強烈，就會出現「異性相吸」的現象。不知不覺間，他們也會對某個異性小朋友特別喜歡，而且想方設法討好這個小朋友。比如，一個原本淘氣的小男孩，在自己喜歡的小女孩面前會非常的「聽話」；一個很任性的小女孩，也可能在某個男孩面前變得很文靜。而且，他們毫不隱藏這種情感，有時會主動和身邊的人分享。

小孩的這種情感是非常純真、毫無條件的，家長這時候也要特別注意，不能輕易破壞他們這種感覺，不要進行壓制、嘲笑，可以先試探一下孩子的感情狀況，然後根據情況適當的做一些引導，幫孩子正確的認識這種情感，否則有可能會對孩子以後的戀愛甚至婚姻造成不好的影響。

O 智慧作答

· 真的嗎？那她也喜歡你嗎？要知道結婚可不是一個人的事情，你還要問問阿花喜不喜歡你。

洗手好麻煩，為什麼一定要洗手？

X 錯誤回答

· 因為你手上有髒東西。

□問題分析

這種回答看起來好像沒什麼問題，但小孩子可能真的會拿起手來看看，當他們沒有發現「髒」東西時，就會和你進一步的「對答」。大人自然知道，小孩子自身的抵抗力很弱，手上的細菌很容易讓他們得到這樣那樣的病；但小孩子的

生活能力、思維能力都很有限，他們根本沒辦法預知自己的行為會引發什麼後果。

家長這時候可以從「反面」來攻破小孩子的心理，比如家長可以告訴他們假如不這樣，會帶來什麼後果，只要孩子了解到自己的行為會給自己和家人造成不好的影響，他們就會對這件事非常的慎重。

O 智慧作答

· 寶貝，其實我們每個人的手上都有無數的看不見的小蟲子，假如吃飯前不把他們洗掉，他們就會被我們吃到肚子裡，這些小蟲子就會咬我們的肚皮，到時候你就會很痛、就會生病，爸爸媽媽也會很心疼。

Q243

我好害怕見陌生人，該怎麼辦？

X 錯誤回答

· 你怎麼膽子這麼小？人家又不會吃了你。

□問題分析

其實，小孩子怕見陌生人（也就是常說的「怕生」、「認生」）是再正常不過了，這是他們在逐漸成長過程中形成的一種自我防禦機制，相反的，如果小孩子不怕生人，見誰就和誰熟，誰帶他走都可以，這不是很令人擔憂嗎？

家長也希望孩子能盡快融入自己的社交圈子，儘管孩子「怕生」有時候會讓大人在朋友、親人間很難堪，但也不要因此責怪孩子，不要給他們「膽小」、「害羞」之類的評語，也不必要督促孩子立刻消除戒備，更不能要求孩子見誰都落落大方。

家長可以多帶孩子去戶外活動，多和別人玩，增加孩子的見識；同時，家長也要以身作則，對任何人都講禮貌，孩子也會不自覺的模仿家長的態度和行為。

O 智慧作答

・寶貝，沒事，你不用怕，就和媽媽一樣。走，媽媽帶你出去玩。

Q244 我生病了，但能不能不去醫院？

X 錯誤回答

・不行，生病了就要去醫院。

□問題分析

孩子說不去醫院，可能是是曾經在醫院裡吃過苦頭，對醫院產生了恐懼、排斥心理。家長應該容納孩子這一點，可以透過給孩子講一些醫生的故事，向他們傳遞醫院是可以信任的資訊；也可以在日常生活中給孩子買一些跟醫生工作相關的玩具，讓孩子扮演醫生或護士玩遊戲，幫助小孩子消除恐懼感。而且有一些小毛病，孩子自身的免疫系統完全可以抵抗，或者用些民間的中醫小偏方也能應付，家長沒必要孩子一感冒就馬上去醫院，這不但對孩子身體好處不大，還會對孩子心理造成影響。

O 智慧作答

・寶貝，能告訴我你不想去的原因嗎？你是不是怕他們呀？其實醫院裡的叔叔阿姨們對你可好了，他們可以治好你的病，讓你健健康康、快快樂樂的成長。

Q245 我不想外婆在家，可以叫她走嗎？

X 錯誤回答

· 小混蛋，你再這樣說我就打你。

□問題分析

小孩子說這樣的話，通常媽媽要承擔主要的責任。小孩子對經常給他施加壓力的成年人總是有一種試圖反抗的心理，他改變不了現狀，無法反抗外婆，就想方設法的透過說一些氣話來發洩他心中的憤懣，也想透過這個舉動刺激、影響家長，好引起家長的關注。

家長沒必要罵小孩，小孩子又不會偽裝自己，想到什麼就說什麼，其實他說出這句話後可能處於敏感、惶恐之中，家長更不能「火上澆油」。家長這樣說，小孩可能就不會再說這樣的話了，但在他內心深處與你會有更深的隔閡。建議這時候放下手邊的事，認認真真的和孩子談談心，消除他的心理陰影。

O 智慧作答

· 寶貝，外婆那麼喜歡你，你為什麼不讓她在我們家呢？

Q246 你能不能別再講這些大道理了？

X 錯誤回答

· 給你講道理你就不聽，那你要聽什麼？

□問題分析

說出這種話的孩子，通常他的理性思維能力已經發展到一定階段，這個階段的小孩，多少都能接受大人講的一些道理。可能只是對某些講道理的方法不太喜歡，比如一串接著一串的大道理，連很多大人聽了都會不耐煩，何況小孩子。

給小孩子講道理要掌握一些小技巧，比如講道理要講的委婉些，要找準時機、尊重孩子的自尊心等。

O 智慧作答

· 好啊，那媽媽給你講個故事好不好？

Q247

老師說我注意力不集中，我該怎麼辦呢？

X 錯誤回答

· 誰叫你注意力不集中的？老師罵你是對的。

□問題分析

其實孩子只是向家長請教如何才能讓注意力集中？這是一種積極上進的表現。做家長的可以換位思考一下，如果家長這樣回答孩子，孩子心裡肯定不好受。小孩子沒有強烈的時間觀念，做事情心不在焉、注意力不集中很正常，家長不應該輕易的就責怪孩子。

小孩都有一定的競爭意識，求勝心理比較強烈，家長可以運用這一點，經常激勵、鍛鍊孩子，比如多和孩子玩一些小比賽、小遊戲，在輕鬆自在的環境裡慢慢的幫孩子鍛鍊他們做事情的專心程度。

O 智慧作答

· 沒關係的，來，寶貝，媽媽跟你玩個小遊戲，看誰能贏，好嗎？

Q248

爸爸說要買玩具車給我，怎麼又沒買？

X 錯誤回答

· 那是你爸爸怕你哭，哄你呢！

□問題分析

在小孩子心裡，父母是他們的一切，他們對父母充滿了依賴和信任。但家長有時候為了讓孩子合作，會給他們一些承諾，而當這種承諾多次不兌現時，就會產生信任危機。

孩子一旦對自己最親近的人產生信任危機，就不會輕易的相信其他任何人，還會非常害怕別人不相信自己。其實當小孩子哭鬧的時候，有很多辦法可以應付的，比如讚美他的優點、轉移他的注意力等。如果已經產生了信任危機，也可以透過激勵孩子、「請孩子幫忙做一些小事情」等方法重新找回孩子的信任。

O 智慧作答

· 寶貝，爸爸天天在別人面前誇獎你很乖、很聽話，不亂買玩具。爸爸肯定是想你這麼乖，已經有那麼多玩具，以為你不要了。你現在可以去玩你那些小玩具呀！

Q249

我今天幫一個老爺爺過馬路，我很棒吧？

X 錯誤回答

· 你真棒！

□問題分析

小孩隨著年齡的增長，對倫理道德的認識從表面逐漸深化。這個時候，他們表現出來的行為舉止是以大人的認可為標準的，假如大人誇獎他一次，他可能會有更多的類似的舉動。

但是有一個問題出現了，現在許多孩子都是在家長的賞識中長大的，他們對那些「你真厲害」、「你真棒」、「真是個好孩子」等泛泛的誇獎有了「免疫力」，長此以往，漸漸的會讓他們失去繼續做好事的動力。

所以，家長們要再花心思，透過別出心裁的認可、誇獎繼續去鼓勵他們，把他們高尚行為具體化，從而讓這些高尚的行為逐漸內化為一種品德修養。

O 智慧作答

· 有了你的幫助，那位老爺爺過馬路肯定感覺輕鬆了許多，他一定會很高興，在心裡面也會很感謝你的。

我要是當不成舞蹈家，你會打我嗎？

X 錯誤回答

· 會打呀。當不成舞蹈家說明你不努力，不努力學習就要挨打。

□問題分析

家長對孩子有期望是很正常的，但這種回答會給孩子增加很大的壓力，會讓孩子覺得學習跳舞成了一個任務。可能你的孩子在某些方面有些特長，但也不能信誓旦旦的一定要孩子成為這個行業的頂尖人物。這時候，家長要學會用平常心來教育自己的孩子。

社會心理學中有一條理論：要是人在沒有任何壓力的情況下，不管這件事多麼困難，也會很容易喜歡上這件事；反之，要是有壓力的話，即是一件很簡單的事情，人們也會排斥。所以，家長在培養孩子的專長時，要保持一顆寬鬆、平常的心態，讓孩子從中發現樂趣，從而享受這種特長帶給他的快樂。這樣孩子也才會願意在這方面長遠發展，才有可能取得大的成績。

O 智慧作答

· 寶貝，你很喜歡跳舞，你感覺到跳舞讓你很開心就行了。你將來當不當舞蹈家，媽媽都不會打你的，媽媽只要你開心快樂。要是你真能當舞蹈家，那就最好了，媽媽會為你驕傲！

我不想和我不喜歡的人在一起，怎麼辦？

X 錯誤回答

· 寶貝，怎麼可能每個人你都喜歡呢？不喜歡也要待在一起，要不然以後怎麼走向社會？

□問題分析

這樣的回答看起來是為孩子的未來打算，因為孩子長大後難免要和不喜歡的人相處，現在先讓孩子練習，為以後出社會做準備。

如果家長真這麼想，那一定是一位不太明智的家長。這種練習實際上起不到任何的作用，而且有可能給孩子帶來傷害。因為你一旦給孩子灌輸了這種思想，他要是碰到比他高大的對他有一定威脅的人時，他要是再想辦法適應、接受時，那就有可能會受到傷害了。至於說怕給孩子以後造成什麼不好的影響，家長也顯得多慮了，因為到那時候，他已經長大了，應該有一定能力面對外界的衝擊了。

O 智慧作答

· 寶貝，你現在還小，你要是碰到你不喜歡的人了，你要是怕他，就不要和他在一起，離他遠一點。

Q252

我為什麼要把蘋果分一半給小梅？

X 錯誤回答

· 難道你不應該嗎？

□問題分析

這樣過於直白的回答孩子，孩子可能會覺得很無奈，也很委屈。

小孩雖小，卻也有人際交流。所以，家長若不失時機的給小孩子講解一些人際交流中的交友規則，可以幫他們在與同伴的交流中運用這些規則，幫他們找到真心的朋友。

家長甚至可以主動創造機會讓孩子進行分享，讓他們把自己的東西分給別人，在分享中得到快樂，在快樂中也更容易交到朋友，有助於練出良好的交際能力。

O 智慧作答

· 小梅她不是你的好朋友嗎？好朋友有了好東西就應該互相分享，你今天分給她了，以後她有好東西也會分給你，這樣你們兩個人都很開心。你把好東西分給的人越多，你的好朋友就越多。

你為什麼不把故事說完呢？

X 錯誤回答

你還想聽嗎？想聽我就一口氣跟你說完。

□問題分析

小孩子對故事的痴迷常常讓我們驚嘆，故事能極大的集中他們的注意力，激發他們的創造力，家長經常給孩子講故事有利於孩子智力的開發。但當孩子成長到一定年齡段，就應該採取些「手段」來進一步提高他們的能力，比如，講故事時可以講一半留一半，這樣他們就會想方設法去了解全部的故事情節，這一個過程對孩子非常有利，可以激發他們綜合潛能。

當然，家長如果講故事時拿著一本書「讀」故事，那樣效果會更好，因為會激發他們對書的興趣，培養他們閱讀的興趣。

O 智慧作答

· 寶貝，媽媽現在有點事，剩下的故事有時間再講好嗎？你要是急著想知道，你可以自己到書上看，書上寫的比我講的還好呢！

Q254 我不想玩拼圖了，可以玩別的嗎？

X 錯誤回答

· 那你還想玩什麼呀？你那些玩具你都玩膩了。

□問題分析

孩子創造潛能的開發有一個前提，就是他們對某件事物有著極強的探索欲望，而要有一些小創作、好想法通常需要靜下心來對某件事物作深入的研究。一般小孩子都會對新鮮的、神祕的事物有很大的興趣，新鮮感、神祕感能比較有效的刺激孩子的創造力。

如何讓他們對已經不再新鮮的事物感興趣？家長可以用一些小技巧，比如你告訴孩子一種玩具有幾種玩法，讓他一種一種的試著玩，還可以運用一些「激將法」、讓某個事物添加一點神祕感或者利用他們的競爭心理、好勝心理來調動他們的好奇心和探索欲望，幫助孩子更大程度的開發創造潛能。

O 智慧作答

· 我聽賣這個拼圖的老闆說，他賣的這種拼圖只有一個小朋友用最快的速度就拼好了，還有一個小朋友用了好幾種方法拼好，你要不要超過他們？

Q255 我不想讀書了，我能做別的嗎？

X 錯誤回答

· 你自己慢慢讀吧，這些書對你很有用的？

□問題分析

對於幼稚園階段的孩子來說，他們是不是願意主動去讀書，跟他們對書的「感覺」很有重要相關性。實際上生活中有太多的家長只在乎孩子在閱讀這個結果，很少關注孩子對書的「感覺」。明智的家長是會想辦法甚至刻意的去幫孩子培養對書的「感覺」，而不是一味的告訴孩子這些書有用。比如可以透漏一些書中的有趣情節，或者告訴他讀了這些對他有什麼好處等等，最好是現場指導一段時間，引導他學會發現書中的美和書中的樂趣。

O 智慧作答

- 寶貝，這本書裡面有你很喜歡的故事，而且還有一些新故事，你讀完它以後你就會變得更加聰明了，還可以幫助你長成一個大孩子。

附錄：父母必知——
3～4 歲階段幼兒主要身心發育特點

（一）身體發育

這個階段主要關注孩子的體重、身高、頭圍及胸圍是否正常。

3 歲寶寶平均體重 13.85 公斤，身高 94.3 公分，頭圍 48.9 公分，胸圍 50.5 公分。

4 歲寶寶平均體重 16.23 公斤，身高 103.7 公分，頭圍 50.1 公分，胸圍 52.3 公分。

2 歲半到 3 歲是寶寶容易蛀牙的時期，父母一定要多加注意。

（二）生活習慣

幼兒有很大的可塑性，這個階段應該注意培養他們良好的生活行為習慣。比如讓他們自己穿脫衣服、疊小被子，整理玩具等。同時也應培養他們注意飲食衛生、少吃零食，對人要有禮貌等。

家長在培養孩子獨立性時，要有耐心，不要因為孩子做不好或溺愛孩子就代替孩子做他們自己應該做的事情。

（三）運動能力

近 3 歲時，孩子可以雙腳交替著上下樓梯，可以雙腳離地跳來跳去，能從椅子上往下跳。雙手也比較有力氣。2 歲半可以騎三輪車，但不一定所有孩子都會，而到了 3 歲就差不多都會了，還會滑溜滑梯、拋球、踢球等。

除此之外，孩子還能做許多事情，比如用剪刀剪紙、自己穿鞋（但有時會穿反）、自己脫褲子和襪子、爬到高處取東西、轉動門上的把手、自己小便、自己用湯匙吃飯，也有的孩子能用筷子等等。

無論是走路、跑步，還是跳起、攀爬、轉圈，寶寶的姿勢動作都更正確、協調、靈活，也具有一定的平衡能力。他可以邁過 30 ～ 40 公分高的障礙物，能把 75 公克重的沙袋投到 3 公尺以外，而且能站縱隊，聽口令做出立正、看齊、踏步等動作。寶寶的握筆姿勢也能做到很正確，折紙、搭積木、扣釦子等精細動作也完成得很好。

3 歲以後，孩子聽到音樂能隨節奏起舞，能理解大和小、長和短，並可按指令將物品放到桌上或桌下。視覺方面，認識紅、綠、藍、黃、白、黑幾種顏色，觸覺、嗅覺、味覺、聽覺更加靈敏。不僅能判斷圓形、三角形、正方形等，還能判斷橢圓、長方形、菱形、多角形等複雜的幾何圖形。已經開始有了一點時間概念。

（四）語言能力

幼兒期是兒童言語能力發展最迅速的時期，是兒童增加詞彙數量最快的時期，是口頭言語發展的關鍵時期。因此，幼兒期是兒童言語發展的關鍵性時期。

幼兒詞彙的發展表現在詞彙量的增加、詞彙內容的豐富和詞類的擴展上。關於詞彙量的調查和估計出入比較大，兒童之間的個別差異也比較大，不能以絕對數量為指標來衡量每個兒童，但是整體趨勢具有一致性和普遍性。綜合臺灣、日本、美國等國的研究結果可以得出一個詞彙量的整體一致的發展趨勢。

其中年增加量最大的年齡是 3 ～ 4 歲，增加率為 70%，此後增加率有隨年齡增長而遞減的趨勢。就平均值而言，幼兒每日要增加 2 ～ 3 個詞彙或更多。三歲時詞彙量有 1,000 個左右。研究發現，幼兒掌握各類詞彙數量中名詞最多，其次是動詞、形容詞、數詞、量詞。

到了 3 歲，孩子逐步掌握正確的發音，語言結構較以前有序，吐字清楚。能用語言來表達自己的希望和要求，反映自己的需求和意見等，並能說出周圍事物的形態和名稱。3 ～ 4 歲的孩子逐漸能說 8 ～ 9 個字所組成的句子，可敘述 2 ～ 3 天前發生的事情，並能指出大部分的身體部位，會使用代名詞「他」，而且會唱完整的兒歌，會用簡單的句子敘述事物及故事和圖片的主要內容，也能說出父母的姓名，會用「謝謝」等禮貌用語。

（五）社交能力

遊戲是幼兒期的主導活動。幼兒的認知、學習、社會化過程多半是透過遊戲進行的。遊戲對幼兒心理發展具有重要作用，遊戲也是幼兒教育的重要手段，是培養孩子團結友愛、互相謙讓等良好品德的好時機。在與小朋友一起遊戲的過程中，幼兒的知識、想像力和各種社會能力都能得到較充分的發展，這種在同伴幫助下的自主活動能使幼兒認識到自我的存在。

幼兒的遊戲是象徵性遊戲，象徵性的使用替代物進行假裝遊戲。如用掃把當馬騎。對於幼稚園小班的孩子，通常是幾個兒童一起遊戲，玩具雖類似，但兒童之間彼此獨立，無交流與合作。這是幼兒初期的遊戲。

在與人交流時，會產生主動合作的精神，遇事想徵求父母以及年齡比自己大的孩子的意見，樂於服從別人的命令，能夠與同伴們一起遊戲，漸漸的懂得關心朋友，而且漸漸具備等待、分享和互相謙讓的能力。但他們也很有主見，有時甚至表現得很固執和任性，這是因為他們正處在個性形成時期。3 ～ 4 歲的幼兒很喜歡結識玩伴。這個時期孩子在玩伴中體驗到了完全不同於父母及其他成人之間的人際關係。

對於現代家庭諸多獨生子女的狀況而言，讓孩子多和其他小朋友接觸也能滿足他們對歸屬感的需求，更具有實際意義。

（六）智力發展

知覺具有概括性和隨意性，他們可以利用詞把知覺的對象從背景中分出，如用「小狗」一詞把「小狗」從其他玩具中找出來，用「眼睛」、「耳朵」等詞把小狗的眼、耳等認出來。隨著動作和活動的發展（特別是隨意行走的發展）各種複雜知覺也就初步發展起來了，這時期的寶寶已出現了最初的空間知覺、時間知覺。兩個東西分別放在不同的距離，他（她）能知道哪個近哪個遠。如果把他（她）常用的一些東西和玩具改變了存放的地方，剛開始他（她）仍會到原來的地方去尋找，這說明了他（她）對一些物體的空間關係有了一定的了解。時間知覺方面，知道「現在」和「等一會」，知道了「馬上」和「很久」的區別。但這時候的空間和時間知覺還是很不準確，會亂用「今天」、「明天」、「後天」等時間概念，明明是很久以前的事也會說成「昨天」和「剛才」，有時還會伸手要照片裡的媽媽抱。

就記憶力而言，讀書給他（她）聽時，只要多讀幾遍，孩子就能完全記住，如果一旦中間說錯了一點點就會給你指出來。唱歌也如此，學得好、記得牢，教幾遍以後就能唱。3 歲的寶寶不但能記住那些具體的、自己體驗過的事物，而且還能記住那些聽來的、自己說過的抽象的事物。所以，對於這個時期的孩子，適合的學習方法有：視覺複述策略，即不斷的注視目標刺激，以加強記憶；特徵定位策略，即「捕捉」突出特徵，以便於記憶；複述策略，即不斷重複需要記憶的內容。

還有一點需要注意的是，這個時期孩子想像力發展迅速，想像的內容十分豐富，但是他們往往把想像世界與現實世界相混淆，把明明沒有的東西說成是真的。這主要是由於他們還缺乏生活經驗，同時辨別能力也較差。因此，千萬注意別給孩子貼上「撒謊」的負面標籤，引起孩子不必要的焦慮。

這個時期的孩子模仿能力也特別強，大人的言行舉止、姿勢神態、習慣方式等一招一式他們全要模仿，孩子在模仿中會學到很多知識、懂得很多事情，但也容易模仿大人的不良言行等。

（七）個性與心理特點

提問類型的變化在從提問「是什麼」的模式向提問「為什麼」的模式變化。幼兒的探索精神和求知慾高漲，好奇心強，他們經常不厭其煩的向成人提出各種問題，2～3 歲兒童的提問以「……是什麼」為主，這反映他們局限在追求個別事物的特點上。4～5 歲兒童的提問類型就變成以「為什麼」

為主導。這與兒童所渴望理解的內容、與兒童的思維發展相對應。大量的「為什麼」說明兒童對客觀世界的了解欲望開始指向事物的內在道理、現象的本質特徵和事物之間關連的規律性。

寶寶會「說謊」了，當然，這並不是人品問題。因為 2 ～ 3 歲的寶寶，正處於語言學習的關鍵期，正確描述客觀事件的能力有限。他的思維處於直覺行動階段，即離開了具體的物體與實際的操作，將無法正確認識這個世界，也因此導致寶寶的想像與事實相距甚遠。另外，寶寶剛剛形成自我意識，開始具有自尊傾向，因而會用想像中的事物來滿足自己無法實現的願望。

出現了最初的自我概念，開始出現「給我」、「我要」、「我會」、「我自己來」等自我獨立意向。

2 歲以後，寶寶的依戀表現為目的協調的夥伴關係。寶寶能更好的理解父母的期望、情感和觀點等，同時能調節自己的行為。比如他（她）能夠忍耐父母遲遲不給予注意，也能夠忍耐與父母的短期分離，他（她）相信父母會回到他身邊。

你會發現，對你的要求，孩子越來越不願意服從了。其實，2 歲半～ 4 歲是孩子發育過程中的第一反抗期，反抗現象正是寶寶成長進步的標誌，是孩子發展自主性、獨立性、自信心、意志力、想像力、安全感等行為素養的關鍵時期，你要理解孩子的「反抗」。

他們很愛說話，即使一個人玩的時候也會自言自語的邊說邊玩，跟小朋友或大人在一起時，話就更多，也總愛問為什麼。

這一時期，他們接觸到的任何對象都是有生命的，心理學術語稱之為「泛靈論」，天上的太陽、月亮，地上的樹木、小河或公園裡的動物、秋千等，都可以成為他們交談的對象。例如，他們會對飄走的雲彩招手說：「請再來玩。」會對被雨淋溼的推車同情的說：「你在哭嗎？我幫你撐傘好嗎？」由於這個時期他們的想像活動異常活躍，因而他們的遊戲也非常有趣，他們可以為任何一樣東西加上他們所想像的象徵性意義，每一種遊戲都有孩子自己賦予的意義。

孩子在這時期已經有意識的要去探索世界，並且會毫無保留去接受外界的資訊，他們也熱衷於結交小朋友，並且喜歡上玩具、圖書與聽人講故事。

附錄：父母必知——
4～6歲階段幼兒主要身心發育特點

（一）身體發育

到了6歲左右，孩子最後一隻乳牙的後面、上、下、左、右共長出4個大牙，叫做第一恆磨牙，又叫六齡齒，這是最先長出來的恆齒。與此同時，前面上下4隻乳牙開始搖起來，按出牙的順序，逐一脫落並長出恆牙。

（二）生活習慣

已經有了相當的自理能力，吃飯、穿衣、大小便已完全不必依靠大人的幫助，而且能夠幫助大人做不少家務，比如整理床鋪、打掃衛生、買東西等。孩子在這一年齡階段，就可以教他刷牙了。要注重培養良好的生活習慣，比如吃飯時要坐得端正，讓大人先動筷吃，不說笑、不打鬧，細嚼慢嚥，保持桌面和衣服整潔，正確使用餐具，懂得謙讓，飯後擦嘴、漱口等。

（三）運動能力

運動方面，更加協調、靈活、精細。

這段時期，一般稱為學齡前期，是孩子行為發展的飛躍期。他們的行為有了目的性和計劃性，主要表現為遊戲、學習和工作。

遊戲是一種有目的、有系統的社會性活動。這個階段孩子的遊戲內容、形式以及時間的長短、參加的成員等在不斷發展變化著。4歲前的孩子一般玩得簡單，但4～6歲孩子的遊戲有了飛躍的發展，可經常看到他們玩一些以反映社會事件為主題的遊戲。

他們已經能把學習與遊戲分開了。能夠學會根據學習的目的來支配自己的活動，有意識的注意老師的講解，比如繪畫、計算等。

可以明白工作的目的性，能掌握某些簡單工作的技能和技巧。比如做些手工作業，飯前飯後幫助老師整理飯桌椅，自己洗手、穿衣等。
感覺方面，視覺、觸覺、嗅覺、味覺、聽覺更加靈敏。

（四）語言能力

4～6歲也是孩子語言能力發展的飛躍期，主要表現在：

詞彙的數量不斷增加，一般詞彙可達1,600～3,000個。詞彙的內容也有了豐富的發展，不但掌握了一些低級的詞，而且也逐步掌握了一些高級的詞，即抽象性和概括性比較大的詞。比如玩具、衣服、水果、動物等。詞類的範圍也在不斷擴大，在學齡前期孩子的口語中，除了名詞、動詞、形容詞等以外，對於各種關係詞也能逐步掌握和應用。

逐步掌握了語法結構，語言的表達能力有了進一步的發展。6歲的孩子不僅能夠掌握有關時間和空間的連繫，而且還掌握因果等關係，掌握了語法的基本範疇。其表達能力也從情境性語言向連貫性語言發展。

從有聲語言向無聲語言過渡。4歲的孩子，一般會自言自語，一邊玩遊戲，一邊嘀咕，如在遊戲時遇到困難，會自己提出問題，自己解答。到了6歲時，有些孩子能初步掌握一些最簡單的書面語言。能把字分出音節，從音節中又能分出注音符號；反過來，能把注音符號組成音節，把音節組成字。比如「爸」字，可把它分成ㄅ和ㄚ兩個字母，反過來，把ㄅ和ㄚ又組成「爸」。這是一種複雜的能力，一般要在學齡前期的後階段才具有這種能力。

（五）社交能力

能比較客觀的認識周圍環境。能用連貫的語言講述生活中的某些事情。有集體感，願意與小朋友友好相處，但愛「告狀」，開始淘氣。

兒童到3～4歲後，依戀同伴的強度以及與同伴建立起友誼的數量有所增加。幼兒的友誼多半建立在地理位置接近（鄰居）、喜愛共同的活動或擁有有趣的玩具的基礎上，所以很容易建立，也很容易破裂。

同伴關係在兒童人格和社會性發展中有著成人無法取代的獨特作用。首先，同伴交流促進了兒童的社會認知和社會交流技能的發展。其次，同伴交流有利於兒童自我概念的形成。另外，同伴可以滿足兒童歸屬感和愛的需要以及尊重的需要，也有助於培養兒童良好的人格。

成人，尤其是父母，一定要珍惜兒童的同伴關係，千萬不能阻止或粗暴干涉。必要時要努力為孩子創造建立適宜同伴關係的條件，積極予以協助和引導，幫助他們建立良好的同伴關係是家長不可輕視、更不能推卸的責任。

（六）智力發展

注意力方面：有探察一切的願望，喜歡東看看、西摸摸，只要是新鮮的東西，都會引起他們的注意，但這時期注意力的穩定性較差，易受外界因素的干擾而分散。

記憶力方面:在學齡前期開始階段，記憶帶有很大的無意性，感興趣的、印象鮮明強烈的事物比較容易記住。到了學齡前期的後階段，兒童的有意記憶能力才逐步發展起來。同時，記憶也帶有很大的直觀性和形象性，而詞的邏輯識記能力還很差，常常只能機械的記住事物的一些外部特徵。例如小兒背唐詩，只是將字一個個背下來，但並不理解詩的意義。在教育的影響下，意義邏輯識記能力也在逐步發展。如複述故事時，可以抓住故事的核心或多或少的進行邏輯加工，或省略某些情節，或加進某些情節等。這個階段孩子的識記的持久性有了進一步的發展。

在再認方面，4 歲孩子可以再認一年以前感知過的事物，而 4 歲以後再認的保持時間可以更長一些。在重現方面，4 歲小兒可以重現幾個月以前的事情，而 4 歲以後重現保持的時間可以更長一些。記憶的精確性也是記憶發展的標誌之一。4 歲孩子記憶的精確性還是較差的。對簡單熟悉的東西記得精確些，而對複雜的東西就有遺漏或歪曲。

想像力方面：4 ～ 6 歲孩子的想像力整體來說是貧乏的、簡單的，缺乏明確目的，以無意想像為主，有意想像和創造想像正在逐步發展，但不占主導地位。

（七）個性與心理特點

精力充沛，非常喜歡任何事都去嘗試。十分喜歡與人親近的接觸，同時富有傲慢、自信和獨立的反抗意識。非常有主見，自我中心主義強烈，感覺敏感。

4～6歲是兒童性別認同的關鍵時期，如果孩子在外地的爺爺奶奶家，應回到同性別家長的身邊。在個體形成自我概念的過程中，性別是一個重要的方面。兒童要成為合格的社會成員，就必須知道自己的性別和社會對性別的不同期望。到了5歲左右，兒童能夠開始把某些特定的人格特點與性別連繫在一起，如男孩應該勇敢，女孩應該文靜。如果父母按照相反的性別來培養孩子，使得孩子對自身的性別不認同，未來可能會使孩子產生同性戀傾向。對於離異的父母帶與自己不同性別的孩子時，也應注意多帶孩子接觸和孩子同性的親人朋友，使孩子能學習到與自己性別相關的人格特徵。

4～6歲也是兒童自我評價能力發展的重要時期。幼兒的自我評價能力的特點為：從依從大人的評價發展到開始有獨立的自我評價；從對外部行為表現的評價向內在品格評價轉化；從簡單、籠統的評價發展到較為具體的評價；從主觀情緒性評價向初步客觀性評價發展。因此，父母要特別注意：這個時期如果對孩子使用過多的負面評價，會讓孩子內化為對自己的評價，產生自卑心理，而且容易泛化，從某一方面「我不行」，到所有方面「我都不行」，有可能會影響孩子的一生。因此，父母一定要注意避免使用負面評價，多使用正面的評價，但同時要注意，不要泛泛的使用誇獎，而應該針對具體的事情指出孩子到底是哪裡做的好，這樣才能避免孩子自我膨脹。

值得強調的一點是，幼兒期的父母一定要注意使用「正向強化法」，即多強調多鼓勵孩子的優點和正確行為，忽略、漠視孩子的缺點和錯誤行為。大多數心理行為學家認為，對孩子最好只獎不罰或者少罰，實驗表明，獎勵的辦法對孩子的行為影響更大。

你家的小孩是不是永遠在問為什麼：
我也想回答啊！但我也不知道答案……一本書巧妙回答孩子的255 個問題

作　　者：李麗
發 行 人：黃振庭
出 版 者：崧燁文化事業有限公司
發 行 者：崧燁文化事業有限公司
E-mail：sonbookservice@gmail.com
粉 絲 頁：https://www.facebook.com/sonbookss/
網　　址：https://sonbook.net/
地　　址：台北市中正區重慶南路一段六十一號八樓 815 室
Rm. 815, 8F., No.61, Sec. 1, Chongqing S. Rd., Zhongzheng Dist., Taipei City 100, Taiwan
電　　話：(02)2370-3310
傳　　真：(02) 2388-1990
印　　刷：京峯彩色印刷有限公司（京峰數位）
律師顧問：廣華律師事務所 張珮琦律師

定　　價：330 元
發行日期：2022 年 05 月第一版
◎本書以 POD 印製

國家圖書館出版品預行編目資料

你家的小孩是不是永遠在問為什麼：我也想回答啊！但我也不知道答案 ...... 一本書巧妙回答孩子的 255 個問題 / 李麗著 . -- 第一版 . -- 臺北市：崧燁文化事業有限公司 , 2022.05
面；　公分
POD 版
ISBN 978-626-332-320-9(平裝)
1.CST: 親職教育 2.CST: 親子溝通 3.CST: 問題集
528.2022 111005220

電子書購買

臉書